기독교를 알아야
인생의 답이 보인다_워크북

명쾌·상쾌·통쾌한 신개념 기독교 변증서

기독교를 알아야 인생의 답이 보인다 워크북

지은이 | 라원기
펴낸이 | 원성삼
책임편집 | 김지혜
펴낸곳 | 예영커뮤니케이션
초판 1쇄 발행 | 2008년 10월 20일
초판 6쇄 발행 | 2017년 11월 8일
등록일 | 1992년 3월 1일 제2-1349호
주소 | 04018 서울시 마포구 동교로 55 2층(망원동, 남양빌딩)
전화 | (02)766-8931
팩스 | (02)766-8934
홈페이지 | www.jeyoung.com
ISBN 978-89-8350-492-0(03230)

· 본문의 성경구절은 개정개정판을 따랐습니다.
· 본 워크북은 기독교를 알아야 인생의 답이 보인다의 강의 학습 교재입니다. 참고문헌의 출처와 문제의 해답을 알기 원하시는 분은 교재를 이용하시기 바랍니다.
· 잘못 만들어진 책은 교환해 드립니다.
· 본 저작물은 저작권법에 의하여 한국 내에서 보호를 받는 저작물이므로 무단 전재와 무단 복제를 금합니다.

값 5,500원

모든 인간은 하나님의 형상을 닮은 존귀한 존재입니다. 사람은 인종, 민족, 피부색, 문화, 언어에 관계없이 모두 다 존귀합니다. 예영커뮤니케이션은 이러한 정신에 근거해 모든 인간이 존귀한 삶을 사는 데 필요한 지식과 문화를 예수 그리스도의 사랑으로 보급함으로써 우리가 속한 사회에 기여하고자 합니다.

기독교를 알아야
인생의 답이 보인다_워크북

명쾌 · 상쾌 · 통쾌한 신개념 기독교 변증서

> 현대인은 지금 이 세상이 전부라는 것,
> 심판이 없다는 것, 영원이 없다는 것에
> 자신의 목숨을 내놓고 내기를 하고 있다.
>
> - R. C. 스프라울 -

●●● 차례

만약 이 모든 것이 다 사실이라면 ································· 8

1장 사람에게 종교가 필요한가? ································· 11
   Ⅰ. 인간에게는 종교가 필요한가? ································· 11
   Ⅱ. 하나님은 정말 존재하는가? ································· 12
   Ⅲ. 인간은 하나님을 알 수 있는가? ································· 14
   Ⅳ. 하나님이 자신을 나타내시는 방법 ································· 14
   Ⅴ. 하나님으로 인하여 의미 있는 인생 ································· 17
   Ⅵ. 하나님을 믿으라 ································· 18
   무신론자가 한 전도 ································· 20

2장 성경은 과연 하나님의 책인가? ································· 22
   Ⅰ. 성경의 중요성 ································· 22
   Ⅱ. 성경의 권위성 ································· 23
   Ⅲ. 성경은 지금도 살아 있다 ································· 30
   유대인의 저력 ································· 31

3장 인간은 스스로를 구원할 수 있는가? ... 33

    Ⅰ. 성경적인 인간 이해 ... 33

    Ⅱ. 인간과 하나님의 형상 ... 33

    Ⅲ. 죄인인 인간 ... 34

    Ⅳ. 죄와 인간의 운명 ... 36

    Ⅴ. 인간은 스스로를 구원할 수 있는가? ... 37

    Ⅵ. 착하게 사는 것만으로 안 되는 이유 ... 38

    이 사람은 누구인가 ... 40

4장 지옥은 정말 있는가? ... 42

    Ⅰ. 지옥은 정말 있는가? ... 42

    Ⅱ. 지옥을 믿을 수밖에 없는 이유 ... 43

    Ⅲ. 사후 세계에 대한 경각심을 가지라 ... 44

    Ⅳ. 지옥의 특징 ... 45

    Ⅴ. 설마 하고 생각하지 말라 ... 47

    박영문 장로님의 천국과 지옥 간증 ... 49

●●● 차례

5장 천국은 정말 있는가? ······ 51
    Ⅰ. 천국을 사모하는 인간 ······ 51

    Ⅱ. 천국은 정말 있는가? ······ 51

    Ⅲ. 천국이 있다고 믿을 수밖에 없는 이유 ······ 52

    Ⅳ. 천국의 특징 ······ 54

    Ⅴ. 당신은 천국을 믿는가? ······ 56

    Ⅵ. 당신의 선택은 무엇인가? ······ 56

    죽음을 이렇게 생각해 보면 어떨까? ······ 58

    돈 파이프 목사님의 천국 경험 ······ 60

6장 예수 그리스도는 진정 구세주인가? ······ 62
    Ⅰ. 예수 그리스도의 위대성 ······ 62

    Ⅱ. 예수 그리스도의 실재성 ······ 63

    Ⅲ. 예수 그리스도의 독특성 ······ 65

    Ⅳ. 무시할 수 없는 예수의 주장 ······ 67

    Ⅴ. 예수 그리스도와 인간의 운명 ······ 72

    Ⅵ. 예수 그리스도를 영접하라 ······ 72

    놓칠 수 없는 기회 ······ 74

7장 예수 그리스도의 부활은 사실인가? ·········· 76
  Ⅰ. 부활은 진실인가? ································ 76
  Ⅱ. 예수 그리스도의 부활에 대한 반박설 ········ 76
  Ⅲ. 부활의 증거 ······································ 78
  Ⅳ. 부활을 확신한 사람들 ·························· 80
  Ⅴ. 부활이 주는 메시지 ···························· 80
  Ⅵ. 우리의 선택 ······································ 82
  그 환한 부활의 새벽 ···························· 83

8장 예수 그리스도는 유일한 구원자인가? ········ 85
  Ⅰ. 유일한 구원자 예수 그리스도 ················ 85
  Ⅱ. 가짜 복음에 속지 말라 ························ 87
  Ⅲ. 기독교와 타종교와의 비교 ···················· 87
  Ⅳ. 공자와 석가와 예수의 비교 ·················· 89
  Ⅴ. 진리를 붙잡으라 ································ 91

나가는 말 ·· 93

만약 이 모든 것이 다 사실이라면

- Written by Won Ki Ra

이런 저런 여러 가지 이유 때문에
아직까지 교회를 나오지 않고 계시는
여러 형제, 자매, 친척, 친구 여러분들

만약에 교회에서 이야기하던
그 모든 것이 전부 다 사실이라면
당신은 어떻게 하실래요?

하나님이 정말로 천지를 창조했고
거룩한 성경책이
정말 하나님께서 기록하신 말씀이고
그 성경에 기록한 대로
정말 천국과 지옥이 있다면
당신은 어떻게 하실래요?

만약 인간이
한번 죽는 것으로 끝나지 않고
죽고 난 뒤에 지은 죄에 대한
분명하고도 확실한 심판이 있다면
그때는 정말 어떻게 하실래요?

만약
2000년 전에 유대 땅에 와서
초라한 모습으로 십자가 위에서 죽은

그 나사렛의 예수가
정말로, 진짜로 인간의 죄를
대신하여 죽으신 하나님의 아들이라면
그리고
그 예수를 어떻게 대하느냐가
당신의 영원한 운명을 갈라놓는다는
전도자의 외침이 온통 다 사실이라면
당신은 정말 어떻게 하실래요?

죽은 지 삼 일 만에 부활하셨다는
그 예수가
천군 천사의 나팔 소리와 함께 이 땅에
다시 찾아오시면 그때는 어떻게 하실래요?

백화점에서 옷을 살 때도 한참을 생각하고
주식을 투자할 때도 이것저것 다 알아보고
결정하는 현명한 여러분들이

왜 교회 이야기만 나오면
왜 하나님이나 예수님 이야기만 나오면
또 왜 천국이나 지옥에 관한 이야기만 나오면
도무지 관심을 가져 보려고 하지 않는 것인가요?

정말 그렇게도 쉽게
하나님이 없는 쪽으로
교회에서 하는 말이
전부 다 새빨간 거짓말인 것으로
그렇게 쉽게
막 결정해도 되는 건가요?
왜 좀 더 알아보려고 하지 않고
왜 좀 더 진리를 찾아보려고 하지 않는가요?

알고 있나요?
우리 하나님은
자신을 찾는 자에게는 성큼 다가오시고
자신을 멀리하려고 하는 자에게는
꼭꼭 숨으시는 분이시라는 사실을

여러분이 몰라서 그렇지
지금까지 여러분은
하나님이 없어서 못 만난 게 아니에요
다만
진심으로 하나님을 찾고자 하는
필요성을 못 느꼈고 그러한 열망을
품지 않았기 때문에 못 만난 것이에요

때가 늦기 전에
어서 하나님을 만나세요
왜냐하면
제가 지금까지 이야기한 것이
진정으로 사실이라면
당신은 죽고 난 뒤에
땅을 치고 후회하게 될 것이니까요

그러므로
오늘 제가 한 말을 꼭 기억하세요
왜냐하면
여러분이 믿든 안 믿든
오늘 제가 한 말은 모두 사실이니까요

정말이니까요

사람에게 종교가 필요한가?

하나님 없는 세상은 탈출구 없는 미로이다. _ 윌슨

I. 인간에게는 종교가 필요한가?

이 세상에 종교 없이 행복하게 사는 사람들이 수없이 많은 것 같은데 구태여 번거롭게 _____를 가지고자 애쓸 필요가 있는가?

오늘날 이 사회가 이렇게 극단으로 치닫는 것은 인간이 _____을 떠나 버렸기 때문이다. 역사는 인간이 신을 무시해 버릴 때마다 _____의 늪에 빠져 버린다는 비극적 사실을 계속적으로 증명한다.

"우리 민족의 6천만을 삼켜 버렸던 파괴적인 혁명의 주원인을 가능한 한 간략하게 체계적으로 설명해 달라고 내게 요청한다면, 이 말을 반복하는 것보다 더 정확한 설명은 없을 것입니다. 인간이 _____을 잊어버렸습니다. 이것이 이 모든 일이 일어나게 된 이유입니다." _ 솔제니친

"우리 시대의 가장 중요한 문제는 공산주의 대 개인주의나 유럽 대 미국의

문제가 아니다. 그것은 인간이 _____ 없이 살아갈 수 있느냐 하는 문제이다." _ 윌 듀란트(Will Durant)

하나님의 부재는 우리 인간에게 있어서 선, 가치, 의미, 이성 그리고 기쁨이 존재하지 않는 삶을 의미한다. "자동차에 _____가 필요한가? 나무에 ____가 필요한가?" _ 폴 리틀

"나는 전지약이 다 떨어지고 코드를 꽂으려 해도 꽂을 전원이 없어서 불이 들어오지 않는 라디오의 진공관처럼 외로움과 공허함 속에 살고 있다. 나는 필라멘트가 끊어진 텅 빈 전구처럼 공허하다." _ 어니스트 _____(Ernest Hemingway)

하나님을 모르는 인생은 아무 _____를 가질 수가 없다. 만일 하나님이 없다면 우리는 철학자 윌리엄 제임스의 말처럼 도서관에서 서적들을 지키면서도 그것들을 읽을 줄 모르는 ____와도 같다. 열심히 인생을 살아가기는 하는데 인생의 _____는 전혀 모르면서 살아가는 것이 되는 것이다.

II. 하나님은 정말 존재하는가?

신이 존재하지 않는다고 주장하는 무신론자들은 모든 것을 물질의 관점으로 해석해서 하나님도 ____에 보이지 않기 때문에 존재하지 않는다고 생각한다. 그러나 이 세상에는 눈에 보이지 않아도 실제로 존재하는 것들이 너무나 많다.

_____(冰山一角) : 빙산에서 보이는 부분은 전체 빙산의 고작 7분의 1밖에 되지 않는다.

보이지 않는다는 것이 _____하지 않는다는 것을 의미하는 것은 아니다!

_ 폴 리틀

무신론적인 사고의 한계를 예를 들어 한번 설명해 보자. 가령 어떤 무인도에 새가 한 마리도 없다는 것을 증명해야 한다면 어떻게 해야 할까? 새가 없다는 것을 증명하고자 하는 사람은 무인도를 구석구석 뒤져서 ____가 있다는 증거가 전혀 없다는 것을 밝혀내야 한다.

하나님을 증명하는 것도 마찬가지이다. 이 세상에 하나님이 존재하지 않는다는 것을 증명하는 것은 하나님이 계시다는 것을 증명하는 것보다 훨씬 더 어려울 뿐 아니라 사실상 ____한 일이기도 하다.
만약 하나님의 실재에 대한 완전한 지식이 100이라고 한다면 일반적으로 무신론자는 어느 정도의 지식을 소유하고 있다고 볼 수 있는가? 아주 적다고 볼 수 있다. 아인슈타인은 자신이 우주의 비밀에 대하여 ____%(퍼센트)의 반도 알지 못한다고 말했다.

아주 너그럽게 생각해서 무신론자들이 우주 전체 비밀에 대한 지식의 2%를 알고 있다고 하자. 그렇다면 다음으로 제기될 논리적 질문은 "하나님이 무신론자가 소유한 지식 ____에 존재할 가능성이 있는가?" 하는 것이다.

우리는 태양을 중심으로 하는 태양계에 살고 있다. 그런데 천문학자의 말에 따르면 이 은하계에만도 태양이 엄청나게 많다고 한다. 그 수가 지구에 사는 인류 한 사람 앞에 최소한 30개씩은 떠안길 수 있을 정도라고 한다. 그런데 이 우주에는 이 은하계와 같은 우주가 또 ____이나 있다고 한다.

이 같은 우주의 광대함을 생각해 볼 때 하나님께서 무신론자가 소유한 지식 바깥에 존재할 가능성은 얼마든지 있다고 볼 수 있다. 그러므로 무신론은 믿음에 근거한 하나의 ____으로 볼 수 있는 것이다.

"어리석은 자는 그의 마음에 이르기를 하나님이 없다 하는도다 그들은 부패하고 그 행실이 가증하니 선을 행하는 자가 없도다"(시 14:1).
"하나님을 알되 하나님을 영화롭게도 아니하며 감사하지도 아니하고 오히려 그 생각이 허망하여지며 미련한 마음이 어두워졌나니 스스로 지혜 있다 하나 어리석게 되어 썩어지지 아니하는 하나님의 영광을 썩어질 사람과 새와 짐승과 기어다니는 동물 모양의 우상으로 바꾸었느니라"(롬 1:21-23).

"무신론은 정신적 실수이기 이전에 영혼의 ___(disease of soul)이다."_ 플라톤

"무신론은 단지 하나님께 대한 믿음의 부족이 아니라 오히려 하나님께 대한 ___이다."_ 헤럴드 O. J. 브라운

III. 인간은 하나님을 알 수 있는가?

우리 인간은 하나님께서 자신을 노출해 주셔야 알 수 있다.
기독교의 하나님이 진짜 하나님이신 것을 드러내는 결정적인 증거가 바로 하나님이 스스로 인간에게 자신을 드러내 주셨다는 사실에 있다. 기독교가 ___의 종교라고 불리는 이유가 바로 여기에 있다.
우리가 신이 존재하는지 존재하지 않는지를 알 수 있는 방법은 두 가지가 있다. 하나는 우리가 신을 찾아가는 것이고 하나는 신이 우리에게 찾아오는 것이다. 우리가 신을 찾아가는 것을 ___(求道)라고 하고 신이 우리를 찾아오는 것을 ___(啓示)라고 한다. 일반적으로 세상의 모든 종교들이 취하는 방법이 구도의 방법이다. 열심히 신을 찾는 것이다. 그러나 기독교의 방법은 계시의 방법이다. _____이 우리를 찾아오시는 것이다.

그런데 여기서 우리가 분명히 알아야 할 사실은 구도로는 하나님을 알 수 없다는 사실이다. 왜냐하면 유한한 인간이 ___하신 하나님을 인식하는 것은 근본적으로 불가능하기 때문이다.

IV. 하나님이 자신을 나타내시는 방법

계시라는 말은 헬라어로 아포칼룹시스(apokalupsis)라고 하는데, 감추어져

있던 것이 열리어 나타난 것을 의미한다.

1. 일반 계시

일반계시는 하나님께서 _____ 만물이나 우리 인간의 _____에 있는 신에 대한 의식을 통하여 자신의 모습을 사람들에게 드러내 보여 주시는 것이다.

1) 외적 측면: 창조(자연)

일반 계시의 외적 측면은 하나님께서 자연 만물을 통하여 자신을 드러내 보여 주시는 것이다. 이것은 _____이라는 매개체를 통하여 자신을 나타내 보여 주시는 것이다.

"하늘이 하나님의 영광을 선포하고 궁창이 그의 손으로 하신 일을 나타내는도다" (시 19:1).
"창세로부터 그의 보이지 아니하는 것들 곧 그의 영원하신 능력과 신성이 그가 만드신 만물에 분명히 보여 알려졌나니 그러므로 그들이 핑계하지 못할지니라"(롬 1:20).

이 세상의 조화와 아름다움을 보라. 꽃잎의 대칭, 원자세계와 분자세계, 밤하늘에 떠다니는 별들의 정확한 궤도. 이 모든 것은 이 세상을 창조한 지적 _____가 있다는 것을 증명하고 있다.

"내가 자연을 더 많이 연구할수록 나는 창조주에 대하여 더 많이 놀라게 된다." _ 파스퇴르

"인체의 신비, 자연의 신비, 우주의 신비를 보고도 하나님을 믿지 않는 사람이 있다면 미친 사람이거나 정직하지 못한 사람일 것이다." _ 뉴튼

2) 내적 측면: 양심(직관, 신의식)

일반 계시의 내적 측면은 하나님께서 인간의 마음속에 _____(神意識)을

주셔서 하나님을 인식하게 하신 것을 말한다. 이것을 성경에서는 "사람들에게는 영원을 사모하는 마음을 주셨느니라"(전 3:11)라고 표현한다.

이 세상을 살펴보면 무엇이든지 인간의 마음속에 어떤 본능이 있으면 그 본능을 만족시킬 ____이 분명히 존재한다는 사실을 알 수 있다.

우리 인간(人間)이 동물과 근본적으로 다른 점이 있다면 바로 ____을 찾는다는 점이다.

존 칼빈은 모든 사람의 마음속에 하나님께서 심어 주신 신성에 대한 의식이 있음을 말하며 그것을 종교의 ____라고 표현한다. 그는 다음과 같이 말한다. "하나님의 존재에 대한 뿌리 깊은 확신을 갖지 못할 만큼 미개한 국민이나 야만적인 종족은 없다. 그리고 다른 면에서 볼 때 짐승과 조금도 다를 것이 없는 것처럼 보이는 사람들까지도 항상 무엇인가 종교의 씨앗을 그 속에 지니고 있다."

2. 특별 계시

일반 계시가 하나님께서 자연만물이나 인간의 신(神)의식을 통하여 자신을 드러내시는 것이라고 한다면 하나님의 특별 계시는 하나님의 말씀인 ____을 통하여 자신을 드러내시는 것이다.

이 세상에 수많은 종교 경전이 있지만 ____ 외에 다른 책을 통하여 하나님은 자신을 나타내 보이신 적이 없다. 오로지 성경을 통하여 하나님은 자신을 계시해 주셨고 ____의 길을 보여 주셨다.

성경은 우리 인간이 하나님을 알아 가는 데 있어서 대단히 중요한 책이다. 왜냐하면 하나님께서는 당신의 ____의 말씀인 성경을 통해서만 자신을 드러내시기 때문이다.
불교는 자기 스스로 자신을 알고자 하는 종교이다. 그래서 벽을 보면서 수

십 년간 도를 닦기도 한다. 그런데 중요한 것은 우리 인간은 자기 _____는 자신에 대하여 알 수 없다는 사실이다.

"시간과 공간 속에 속해 있는 삶의 수수께끼에 대한 해답은 시·공간 ___에 놓여 있다." _ 루드비히 비트겐스타인

이 세상에는 수많은 종교가 있지만 그들이 그토록 수행을 하고 도를 닦아도 인간의 근원적인 문제에 대한 해답을 찾지 못하는 이유가 여기에 있다. 하나님께서 나타내 보이신 ___에 근거해서 자신을 살펴보는 것이 아니기 때문이다.

V. 하나님으로 인하여 의미 있는 인생

"하나님은 자기에게 한 걸음 다가오는 자에게는 ___ 걸음 다가오시고 자기에게 두 걸음 다가오는 자에게는 ____ 오신다." 인류 역사상 전심으로 하나님을 찾기 위하여 노력한 사람치고 하나님을 만나지 못한 사람이 없었다.

"여호와의 말씀이니라 너희를 향한 나의 생각을 내가 아나니 평안이요 재앙이 아니니라 너희에게 미래와 희망을 주는 것이니라 너희가 내게 부르짖으며 내게 와서 기도하면 내가 너희들의 기도를 들을 것이요 너희가 온 마음으로 나를 구하면 나를 찾을 것이요 나를 만나리라"(렘 29:11-13).

사람에게 종교가 필요한 것은 인간이 하나님께로부터 지음을 받은 존재이기 때문에 하나님을 무시하고는 인생의 참된 ____와 ____을 발견할 수 없기 때문이다.

"쥐들의 미로 찾기 경주의 문제점은 비록 경주에서 이긴다 하더라도 여전히 ___라는 사실이다." _ 릴리 롬린

VI. 하나님을 믿으라

하나님을 만나고 인생의 존재 의미를 발견하기 위해서는 하나님을 믿는 것이 가장 중요하다. 믿음이 왜 그렇게 중요한가 하면 우리는 ____을 통하여 하나님을 알 수 있기 때문이다. "믿음은 바라는 것들의 실상이요 보이지 않는 것들의 증거니"(히 11:1). 물체는 눈으로 보아야 알고, 음성은 들어 보아야 알고, 냄새는 맡아 보아야 알고, 맛은 먹어 보아야 알고, 하나님은 ____ 보아야 알 수 있다.

어떤 면에서 믿음은 ____이다. 진리 안으로 걸어 들어오고자 결심하는 것이다. "큰 걸음을 내딛는 것을 두려워 말라. 두 번의 작은 도약으로는 갈라진 틈새를 뛰어넘을 수 없다." _ 데이비드 로이드 조지
그렇다. 믿음은 결단이고 존재의 큰 ____이다.

"믿음을 가진다는 것은 하나님의 ____을 진실 자체로 인정하고 받아들이기로 결단하는 것을 의미한다" _ 최영기

사실 이 세상에 우리가 진실이라고 믿는 많은 것은 우리가 보고 믿는 것은 아니다. 우리는 권위 있는 과학자들이 그렇게 이야기했기 때문에 태양계, 원자, 혈액순환 등을 믿는다. 다 보기 때문에 믿는 것이 아니다.
마찬가지로 믿음이라는 것도 권위 있는 하나님의 말씀이, 권위 있는 예수 그리스도의 가르침이 그렇게 이야기했기 때문에 하나님의 존재를 인정하고 받아들이는 것이다.

"Faith is saying 'Amen' to God(믿음이란 하나님께 '____' 하는 것이다)."
_ 머브 로셀

"기독교는 진리이다. 기독교는 다른 어떤 세계관보다도 우리의 경험과 일치하고, 현실에 맞으며, 일리가 있다. 그리고 존재의 문제에 ____을 준다."
_ 찰스 콜슨

신학자 에드워드 보이드는 신앙의 길에 들어서기를 망설이는 사람을 향해 믿음에는 언제나 도약이 필요하다고 하면서 다음과 같이 말했다. "믿지 않기로 하는 사람, 혹은 심지어 그저 판단을 보류하기로 하는 사람 역시 엄청난 위험, 엄청난 '믿음의 ____' 을 하고 있는 것이다. 그 판단이 잘못될 수도 있고 그것이 그에게 심각한 결과들을 가져다 줄 수도 있기 때문이다. 그것은 마치 집 안에 있는데, 밖에 있는 누군가가 '불이야!' 하고 외치는 것과도 같다."

그렇다. 우리는 불이 났다는 소리를 들으면 정말 그런 증거가 있는지 살펴보고 확신이 들면 뛰쳐나가야 한다. 물론 그 상황에서 그 말이 농담인 경우엔 사람들에게 바보같이 보일 만한 위험을 기꺼이 감수해야 한다. 만약 그 말을 믿지 않고 집에 그냥 있으려 한다면 그것이야말로 진짜 위험한 선택이다. 왜냐하면 그 말이 사실일 경우 ___에 탈 위험을 감수해야 하기 때문이다. 결국 우리가 판단을 보류하기로 해도 똑같은 위험을 감수하는 셈이 되는 것이다. 그러므로 '아무런 _____도 없는 입장' 은 전혀 없다.

우리가 신앙적인 판단을 보류해도 그것은 하나의 _____이 되는 것이다. 하나님이 없다면 우리의 신앙은 우스꽝스러운 것이 될 것이다. 그러나 하나님이 정말 계시다면 하나님의 _____의 초청을 무시한 사람들이 맞이하게 될 결과는 끔찍한 것이다.

"나는 기독교를 진짜라고 믿다가 틀리기보다는, _____라고 생각했다가 그것이 진짜임을 발견하는 경우가 훨씬 더 두려울 것 같다." _ 파스칼

"하나님이 있다는 것에 대하여 내기를 건다고 볼 때 이해득실을 따져 보자. 만일 이기면 _____것을 딴다. 그러나 진다고 할지라도 잃을 것이 없다. 그러니 망설이지 말고 _____이 있는 쪽에 걸으라. _ 파스칼

"Two men please God – one who serves him with all his heart because he knows him; one who seeks him with all his heart because he knows him not." 두 종류의 사람이 하나님을 기쁘시게 한다. 하나님을 알기에 온 마음을 다해서 하나님을 섬기는 사람, 그리고 하나님을 알지 못하기에 온 마음을 다해서 하나님을 찾는 사람

무신론자가 한 전도

미국 최초의 선교사로 아도니람 저드슨(Adoniram Judson) 이라는 사람이 있다. 이분은 지금의 미얀마인 버마 선교의 선구자로서 일생 동안 눈물의 헌신을 통하여 수많은 버마 사람을 주님께로 인도한 분이다. 그런데 놀라운 사실은 저드슨 선교사님도 한때는 무신론자였다는 사실이다. 그는 1788년 메사추세츠의 회중교회 목사의 아들로 태어났고 16세에 브라운 대학교에 입학해 4년 과정을 3년 만에 수석으로 졸업할 정도로 수재였다. 하지만 대학에서 만난 무신론자 친구 제이콥 애임스의 영향을 받아 신앙을 잃어버리고 방황의 세월을 보내게 되었다.

저드슨을 무신론의 늪으로 빠뜨린 친구 제이콥 애임스는 스스로 하나님을 믿지 않는다고 맹세할 정도로 철저한 무신론자로서, 논리정연하고 기민한 설득을 통하여 저드슨으로 하여금 어릴 때부터 소중하게 간직해 오던 신앙을 저버리게 만들었다. 이것은 그의 부모에게도 엄청난 충격이었다. 그의 아버지와 어머니는 저드슨이 다시 하나님께로 돌아오기를 간절히 소원하였으나 그는 부모의 만류도 뿌리치고 유랑 극단에 들어가 방랑자처럼 생활을 하게 되었다.

그러던 어느날 저드슨은 뭔가 마음에 다가오는 괴로움을 견디지 못해 유랑극단에서 벗어나 먼 여행을 하게 되었다. 그리고 여행 도중에 어느 한 시골 여인숙에서 하룻밤을 묵게 되었다. 그런데, 그날 밤은 그에게 악몽과 같은 밤이었다. 옆방에서 어떤 사람이 죽어 가고 있었기 때문이다. 저드슨은 밤새도록 들려오던 그 남자의 끊임없는 신음소리로 인하여 한잠도 잘 수가 없었다.

그리고 죽어 가는 남자의 끔찍한 신음과 비명 소리를 들으면서 그는 문득 이런 생각을 하게 되었다. '만일 성경이 옳다면, 저 죽어 가는 남자가 천국이나 지옥에 가게 될 터인데 그는 과연 어디로 가게 될 것인가?' 저드슨은 죽음 이후의 세계에 대하여 지금까지 자신이 가져왔던 그의 철학과는 반대로, 죽음 이후에 무언가 있을 것이라는 생각을 하고 있는 자신을 발견하면서 자기가 이런 유치한 생각을 했다는 사실을 알게 된다면 그의 천재 대학 친구가 그를 얼마나 우습게 여길까 하는 생각을 했다.

그러나 다음날 아침, 저드슨이 여관 주인을 통해 죽은 사람이 누구인지를 알아보았을 때 그는 일생일대의 큰 충격을 받았다. 지난밤 그렇게 고통스럽게 죽어 간 사람은 바로 과거 저드슨의 믿음을 송두리째 앗아가 버렸던 브라운 대학 출신의 그 무신론자 친구 제이콥 애임스였던 것이다. 여기에 큰 충격을 받은 저드슨은 에임스의 논리에 잘못이 있다는 사실을 깨닫게 되고 자신의 삶의 방향을 바꾸기로 결심하였다. 그리하여 그는 여행을 중단하고 집으로 돌아와서 앤도버 신학교에 입학했다. 그리고 얼마 지나지 않아 마침내 그는 예수 그리스도를 믿는 믿음을 얻게 되었고, 남은 인생을 주님을 위해 바치기로 결심하게 되었다.

그 결과 아도니람 저드슨은 버마 선교사로 헌신하게 되었고 세계에서 제일 배우기 어렵다고 하는 버마어를 완전히 정복하여 버마어로 사전을 만들고 신구약 성경 전체를 번역하였다. 그는 평생의 사역을 통하여 7,000명이 넘는 버마 사람들을 예수 그리스께로 인도했으며 그가 버마로 향했을 때 단 한 명의 그리스도인도 없던 그 지역이 이제는 백오십만 명이 넘는 성도들이 있는 곳으로 변화되었다. 이 얼마나 놀랍고 오묘한 하나님의 섭리인가? 그의 신앙을 빼앗아 갔던 그의 무신론자 친구가 그로 하여금 하나님께 돌아오게 하는 도구로 쓰임 받았다는 사실은 참으로 놀라운 하나님의 섭리가 아닐 수 없다.

약간의 지식이 사람을 하나님으로부터 멀어지게 한다.
더 많은 지식은 그를 하나님께 다시 돌아가게 만든다. _ 프랜시스 베이컨

성경은 과연 하나님의 책인가?

God's living word is the only hope for a dying world.
하나님의 살아 있는 말씀만이 죽어 가는 이 세상의 유일한 희망이다.

I. 성경의 중요성

성경은 베스트셀러 중의 베스트셀러이다. 쿠텐베르크가 최초의 성경을 인쇄한 이래 현재까지 _____가지가 넘는 언어와 방언으로 성경이 번역되었으며 매년 전 세계적으로 4천 4백만 권의 성경이 팔리고 있다. 미국의 모든 가정에는 평균 ___권 이상의 성경이 있다는 통계가 나와 있다.

"당신이 3년간 밀폐된 생활을 한다면 꼭 가지고 갈 3권의 책은 무엇이며 또한 그 책을 가져가겠다는 이유는 무엇입니까?"

"성경은 하나님께서 인류에게 주신 가장 큰 _____이다." _ 아브라함 링컨

"나는 _____을 버려도 성경은 버릴 수 없다." _ 엘리자베스 여왕

인간 저자를 통하여 성경이 기록되었지만 ____께서 영감(inspiration)을 주셔서 성경을 기록했다.

성경의 신적인 권위는 성경 자체가 증명한다. 성경에는 "여호와께서 일러 가라사대"라는 식의 표현이 구약에만도 _____번 이상이 나온다.

II. 성경의 권위성

1. _____의 확증

"성경을 하나님의 말씀으로 여기는 가장 중요한 이유는 ____ 그리스도가 그렇게 주장했기 때문이다." _ A. 랜들 쇼트

사탄이 예수님을 시험하였을 때 예수님은 구약 성경에 나오는 _____을 인용하여 사탄을 물리치셨다(마 4:1-10).
또한 예수님은 죽음에서 부활하신 이후에도 엠마오로 가던 제자에게 구약에 나오는 모세와 모든 _____의 말들을 인용하여 자신의 부활 사건을 설명해 주셨다(눅 24:27).

"성경은 폐하지 못하나니"(요 10:35).
"천지가 없어지기 전에는 율법의 일점 일획도 결코 없어지지 아니하고 다 이루리라"(마 5:18).
만나 사건 / 요나 사건

"_____에게 있어 성경은 진리와 권위와 영감으로 가득 찬 것이요, 그에게 있어 성경의 하나님은 살아 있는 하나님이며, 성경의 가르침은 곧 살아 있는 하나님의 가르침이다. 그에게 있어 성경이 말하는 것은 하나님이 말씀하시는 것이다." _ 존 W. 웬함

2. 성경의 _____성

"성경은 1500년간 40여 명 이상의 다른 _____들에 의해서 기록되었다. 정치 지도자였던 모세, 목동이었던 아모스, 왕이었던 솔로몬, 내과 의사였던 누가, 세관원이었던 마태, 어부였던 베드로, 학자였던 바울 등이 그 저자이다. 성경은 아시아, 아프리카, 유럽 세 개의 대륙에서 기록되었고, 히브리어, 아람어, 그리스어 세 개의 언어로 기록되었다. 그리고 성경은 여러 다른 _____에서 기록되었다. 모세는 광야에서, 다니엘은 왕궁에서, 예레미야는 지하 감옥에서, 바울은 로마 감옥에서, 누가는 여행 중에 기록했다. 또한 성경은 서로 다른 _____에 기록되었다. 다윗은 전쟁 시에 기록했고, 솔로몬은 평화 시에 기록했다. 그런데 놀랍게도 성경은 완전한 통일성을 가지고 있다."

_ 스티브 쿠마

이사야서가 보여 주는 성경의 통일성은 정말 놀랍다고 말할 수 있다. 이사야서는 그 자체가 성경 전체를 축소한 책이라 할 수 있다. 성경은 총 66권으로 되어 있는데 이사야서도 ___장으로 그러하다. 또 이사야서는 전, 후편 두 부분으로 나눌 수 있는데, 전편인 39장까지의 내용은 구약 39권에 해당되는 내용이고 후편인 27장은 그 내용이 신약의 내용을 담고 있다. 구약성경은 이스라엘의 역사와 죄를 다루는데, 이사야서의 전반부도 그러하다.

신약성경은 그리스도의 위격과 사역을 묘사하는데, 이사야서의 후반 부분도 역시 그렇다. 신약성경은 세례요한의 사역으로 시작되는데, 이사야서 40장은 광야에 _____을 만들기 위하여 외치는 자가 나오는 것으로 시작한다. 또한 신약성경은 새 하늘과 새 땅을 묘사하는 것으로 끝나는데 이사야서의 마지막 66장도 여호와 하나님이 새 하늘과 새 땅을 지을 것이라는 말을 한다(사 66:22). 성경 66권이 이렇게 놀라운 통일성을 가지고 있다는 것은 무엇을 의미하는가? 그것은 성경의 저자가 오직 한 분이신 것을 의미한다. 바로 _____ 자신이다.

3. _____의 정확한 성취

성경의 권위성은 성경에 나타난 수많은 예언들과 그 예언의 정확한 성취로 인하여 더더욱 신뢰를 얻는다.

· 내셔널 인콰이어러(National Enquirer)에 실린 61개의 예언들은 몇 개나 성취되었는가?
· 구약의 메시아에 관한 333가지 예언

애굽(이집트)에 대한 예언: "주 여호와께서 이같이 말씀하셨느니라. 내가 그 우상들을 없애며 신상들을 놉 가운데에서 부수며 애굽 땅에서 왕이 다시 나지 못하게 하고 그 땅에 두려움이 있게 하리라"(겔 30:13).

바벨론에 대한 예언: "만군의 여호와께서 이와 같이 말씀하시니라 바벨론의 성벽은 훼파되겠고 그 높은 문들은 불에 탈 것이며 백성들의 수고는 헛될 것이요 민족들의 수고는 불탈 것인즉 그들이 쇠잔하리라"(렘 51:58).

"여호와여 주께서 이곳에 대하여 말씀하시기를 이 땅을 멸하여 사람이나 짐승이 거기에 살지 못하게 하고 영원한 폐허가 되리라 하셨나이다"(렘 51:62).

4. 고고학적인 _____

"나는 성경 고고학 분야에서 오랜 시간을 보내왔고 성경에 나와 있는 역사적 진술들을 대략적으로 또는 세부적으로 확증해 주는 것들을 동료들과 함께 발견해 왔다. 나는 더 멀리 나아갈 준비가 되어 있으며 어떤 고고학적 발견도 성경에서의 역사적 진술들과 모순되거나 그 진술들을 반박하지 못한다고 말할 준비가 되어 있다." - 넬슨 글루엑

지금까지 고고학자들을 통하여 성경과 관계있는 _____만 5천여 곳의 장소가 발견되었고 성경에 나오는 수천, 수만의 인물들과 사건들에 대한 기록이

발견되었다.

"고고학이 구약성경 전승의 본질적인 역사성을 확증했다는 점은 의심할 여지가 없다" _ 윌리엄 올브라이트

윌리엄 렘세이 경(Sir William Ramsay)의 주장: "나는 누가의 모든 역사 기록들이 그 신뢰성에 있어서 비길 데 없이 탁월하다는 생각을 가지고 있다. 여러분은 누가의 말을 다른 역사가들의 말 이상으로 면밀히 조사할 수 있겠지만 그의 말은 가장 세밀한 조사와 가장 혹독한 취급도 견디어 낼 수 있다."
"만일 성경이 이런 알기 어려운 세부 사항에서도 진실함을 보여 준다면 성경의 어떤 부분도 위조자의 작품이 될 수 없을 것이다." _ 자운시 박사

5. _____의 진실성

성경은 지금까지 역사적으로 기록된 어떤 문서보다도 가장 믿을 수 있는 고대문서이다. 다음의 도표를 보라.

저자	쓰여진 시기	최초 사본	경과 기간	사본의 수
플라톤	B.C. 400년	A.D. 900년	1300년	7
시저	B.C. 100년	A.D. 900년	1000년	10
아리스토텔레스	B.C. 300년	A.D. 1100년	1400년	5
태시투스	A.D. 100년	A.D. 1100년	1000년	20
신약성경	A.D. 100년	A.D. 200년	100년	5,300

신약 다음으로 사본이 많다고 하는 호머의 『일리아드』도 사본이 약 650개에 못 미치는데 신약의 헬라어 사본의 숫자는 _____개나 된다.
그리고 사본 간의 불일치는 무시해도 좋을 만큼 미미하다. 5,000개가 넘는 사본 간의 차이가 거의 없는 것은 지금까지 전해진 사본들만으로도 _____의 내용이 거의 훼손되지 않고 그대로 전해졌다는 것을 확증해 주는 것이다.
당시 사본들이 비록 손으로 기록된 것이기는 하지만 필사가들은 극도의 경건성과 정확성을 가지고 그 일을 했다. 그들은 성경을 필사하다가 여호와라

는 이름이 나오면 펜을 다시 깨끗하게 하고 글을 쓸 정도로 조심스럽게 그 일을 했다. 그러므로 성경 사본들 간의 _____는 거의 무시해도 좋을 정도이다. 또한 경과 시기를 보면 일반적인 고대 작품의 경우 사본들은 원본보다 천년 혹은 그보다 훨씬 지난 후에 쓰인 것이지만 신약의 사본들은 원본이 나온 후 _____년 안에 최초 사본이 기록되기 시작했다.

영국의 고전주의학자이자 도서관장이며, 21년간 대영박물관장을 지냈던 프레드릭 케년(Frederic Kenyon)경은 다른 무엇과도 비교할 수 없는 신약성경 본문의 신빙성에 대하여 이렇게 말했다. "신약성경 원본이 작성된 날짜와 현존하는 최초의 증거들 사이의 시간 간격은 사실 무시해도 좋을 만큼 짧다. 그리고 성경이 실질적으로 원래 쓰여진 그대로 우리에게 전해 내려왔을까에 대한 어떤 의혹도 이제 그 _____ 근거까지 제거되었다. 신약성경 각 책들의 진정성과 전반적 완전성은 최종적으로 확립된 것으로 보아도 좋을 것이다."

그러면서 그는 이런 말을 덧붙인다. "그리스도인은 손에 성경을 들고 두려움이나 주저함 없이 말할 수 있다. 자신이 손에 들고 있는 것은 수세기에 걸쳐 본질상의 어떤 훼손도 없이 전해 내려온 진실한 _____의 말씀이라고 말이다."

사본의 진실성과 함께 우리가 생각해 보아야 하는 것은 성경의 _____의 진실성이다. 사도행전이 A.D. 64년 이전에 쓰였다면 누가복음은 사도행전보다 먼저 기록되었으므로 A.D. 50년대 후반이나 A.D. 60년대 초반에 기록되었을 것이다. 그리스도의 죽음이 A.D. 30년경이므로 누가복음의 기록은 그리스도의 죽음 이후 30년 이내에 기록된 것임을 알 수 있다.

6. _____적인 증명

- 1840년대에 오스트리아에 살고 있던 이그나즈 젬멜 바이스라는 의사의 발견
- 물의 순환 작용: "그의 궁전을 하늘에 세우시며 그 궁창의 기초를 땅에 두시며

바닷물을 불러 지면에 쏟으시는 이니 그 이름은 여호와시니라"(암 9:6).

· 고기압과 저기압: "바람의 무게를 정하시며 물의 분량을 정하시며"(욥 28:25)

· 지구가 우주의 허공에 떠 있다는 사실: "그는 북쪽을 허공에 펴시며 땅을 아무것도 없는 곳에 매다시며"(욥 26:7)

· 별들의 숫자는?: "하늘의 만상은 셀 수 없으며 바다의 모래는 측량할 수 없나니 내가 그와 같이 내 종 다윗의 자손과 나를 섬기는 레위인을 번성하게 하리라 하시니라"(렘 33:22).

"이집트인, 바빌로니아인, 그리스인, 또는 로마인의 위대한 저서들을 고려해 볼 때, 여러분은 그것들이 얼마나 과학적으로 말도 안 되는 대실수들로 가득 차 있는지 알게 된다. 그리고 성경 역시 실수를 범하지 않고 빠져나간다는 것은 불가능하다고 생각하게 된다. 그러나 성경은 34세기 간의 학문 이래로, 단 ____의 입증된 실수도 없이 굳건히 서 있다." _G. B. 하디

7. 성경의 ____성

성경의 불멸성 자체가 성경은 하나님께서 거룩하게 영감을 불어넣은 책이라는 증거가 된다.

· 악한 왕 므낫세와 그의 손자 요시야, 로마 황제 디오클레티안,
· 윌리엄 틴데일과 존 위클리프의 수난과 KJV(흠정역) 성경
· 18세기의 유명한 계몽주의 철학자 볼테르(Voltaire)의 주장
· 토마스 페인의 『이성의 시대』(The Age of Reason)라는 책에서의 주장

_____(Napoleon Bonaparte)은 성경에 대하여 이런 말을 남겼다
"The Bible is no mere book, but a living power that conquers all that oppose it(성경은 단순한 책이 아니다. 그것은 자신을 대적하는 모든 것들을 ____

하는 살아 있는 능력이다)."

"천 번도 넘게 성경의 죽음을 애도하는 종소리가 울려 퍼졌고 장례 절차가 결정되었으며 묘비에 비문이 새겨졌고 조사가 낭독되었다. 그러나 어찌 된 일인지 그 시체는 꼼짝 않고 누워 있던 적이 없다. 다른 어떤 책도 그렇게 저며지고 베어지고 체로 걸러지고 샅샅이 조사되고 중상모략을 받은 적이 없다. 철학이나 종교나 심리학의 어떤 책이, 또는 고전 문학이나 현대 문학의 어떤 책이 성경만큼 그렇게 집중적인 공격을 받은 적이 있었는가? 그런 독설과 그런 의심? 그렇게 철저하고 그렇게 해박한 지식을 통해? 모든 장과 모든 절과 모든 교리에 대해? 그러나 성경은 여전히 수백만 명의 사랑을 받고 있고, 수백만 명에게 읽히고 있으며, 수백만 명에 의해 연구되고 있다. 그것은 여전히 _____ 세계에서 가장 많이 출판되고 가장 많이 읽히는 책으로 남아 있다." _버나드 램

"막강한 권세자들이 이 책에 대하여 분노했고 그것을 파괴시키려고 뿌리째 뽑을 방도를 모색했다. 그들은 알렉산더 대왕, 이집트와 바벨론의 제왕들, 페르시아, 그리이스, 로마의 군주들, 시저와 아우구스투스 황제 같은 사람들이었다. 그러나 그들은 결코 이기지 못했다. 그들은 사라졌으나 성경은 아직까지 존재한다. 그리고 영원히, 언제까지나, 처음부터 그렇게 선언했듯이 온전하고 완벽한 책으로 남아 있을 것이다. 누가 도왔는가? 누가 그처럼 강한 권세자들의 손에서 이 책을 지켰는가? 분명 인간은 아니었다. 오직 만유의 주이신 _____, 그분이 직접 하셨다." _마틴 루터

8. _____된 자들을 통한 증거

· 찰스 브래드러와 휴 프라이스 휴즈와의 대결
· 닉슨 대통령의 보좌관 찰스 콜슨의 변화

존 케디라는 선교사의 묘비명에 있는 말: "1848년에 그가 이곳에 처음 상륙했을 때에는 이곳에 _____인이 한 명도 없었다. 그러나 그가 세상을 떠난 1872년에는 여기 _____이 한 명도 없다."

· 어떤 섬에서 만난 청년의 정체는?

III. 성경은 지금도 살아 있다

"나는 성경의 위엄이 나를 압도한다는 것을 고백할 수밖에 없다. 전도자들의 거룩한 말씀이 내 심장에 파고들고 또한 그것은 너무나 선명한 진리의 특색을 갖고 있을 뿐 아니라 너무나 완벽하게 독특하다. 만일 이것이 ____의 창작이라면 그는 가장 위대한 영웅들보다 더 위대한 사람일 것이다."

_ 프랑스의 회의주의자 루소

"하나님의 말씀은 사자와 같다. 당신은 사자를 설명할 필요가 없다. 당신은 그저 사자를 풀어놓기만 하면 된다. 그러면 사자는 스스로 자신이 어떤 존재인지를 설명할 것이다" _ 찰스 스펄전 목사

성경의 능력을 보여 주는 에피소드 : 토마스 선교사 이야기

성경은 지금까지 인쇄된 다른 모든 책을 합친 것과 같은 가치가 있다. _ 페트릭 헨리

유대인의 저력

　유대인의 인구는 약 1,450만 명이다. 이는 남한의 1/3쯤 되는 인구로서 전 세계 60억 인구 가운데 0.25%에 불과하다. 그러나 2002년을 기준으로 보면 역대 노벨상 수상자 270명 가운데 유대인이 122명으로 전체 수상자의 45%이다. 뿐만 아니라 유대인들 가운데는 종교, 물리학, 화학, 의학, 문학, 음악, 미술, 경제, 철학분야에 큰 업적을 남긴 사람들이 허다하다.

　미국에는 약 700만 정도의 유대인이 살고 있는데 이는 미국 인구의 2.5% 정도 밖에 되지 않는 숫자이다. 그러나 현재 미국 대학교 가운데 소위 아이비 리그라고 불리는 하버드, 예일, 컬럼비아, 프린스턴 등의 일류 대학의 교수진의 30%가 유대인이다. 특히 프린스턴 대학교의 경우는 총장 및 주요 행정 책임자의 90%가 유대인이며 하버드 대학교나 UCLA의 의대나 법대 교수들 중 50%도 유대인이다.

　그뿐 아니라 미국 월스트리트도 유대인이 장악했고 세계 5대 메이저 식량 회사 중 3개가 유대인 소유이다. 그리고 7개 메이저 석유회사 중 6개가 유대인 소유이고 미국에 있는 3개 방송사인 ABC, CBS, NBC와 AP, UPI, AFP, 로이터, 타임즈, 뉴스위크, 워싱턴 포스트, 뉴욕 타임즈, 월스트리트 저널 등 대부분의 유력 언론사들도 유대인에 의해서 움직여지고 있다.

　또한 미국 뉴욕시의 금융 상업 중심지인 맨하튼 땅의 99%를 유대인이 소유하고 있으며 미국 은행 현금의 97%를 유대인이 차지하고 있다. 유대인은 또한 미국 경제뿐만 아니라 세계경제를 주름잡고 있다. 미국 중앙은행에 해당하는 FRB(연방준비제도 이사회)의 앨런 그린스펀 의장, 세계 최대 규모의 금융지주회사 시티그룹의 샌 포드 웨일 회장, 세계 헤지펀드 업계의 대부로 통하는 조지 소로스 등이 다 유대인들이다. 그뿐 아니라 헐리우드의 7대 메이저 중에서 파라마운트, 20세기 폭스, 워너 브라더스, 콜롬비아, 유니버셜, MGM등이 모두 유대인에 의해서 설립됐다.

우리가 잘 알고 있듯이 위대한 헬라 문화를 꽃피운 헬라인들이나 역사상 가장 강력한 국가를 건설했던 로마도 1,000년 이상의 영광을 누리지 못하였다. 그러나 유대인들은 지금까지 수많은 박해와 끔찍한 학살과 유배를 당하면서도 5,000년에 걸쳐 창조적인 역사를 이어 오고 있다. 그렇다면 과연 그 비결이 무엇일까? 그것은 그들이 자녀들을 하나님의 말씀으로 양육해 왔다는 사실이다. 유대인들은 어릴 때부터 어머니를 통해 철저하게 토라(모세오경)를 암기한다. 그래서 유대인 랍비들은 지금도 6명 정도만 모이면 각자가 암기한 것을 모아 구약성경을 완전히 적을 수 있다고 한다.

이것이 하나님의 말씀의 능력이다. 비록 유대인들은 아직까지 예수 그리스도를 메시아로 받아들이지 않고 있지만 지금까지 그들이 하나님의 말씀을 가까이 해 왔기 때문에 하나님께서는 약속하신 대로 그들을 세계 최고의 민족으로 우뚝 세워 주신 것이다.

예수 그리스도의 복음을 받아들이지 않는 유대인들이 구약만 가지고도 이토록 위대한 나라를 건설할 수 있었다면 우리가 만약 우리의 자녀들을 예수 그리스도를 믿는 신앙 안에서 제대로 말씀을 가르쳐서 키운다면 우리 민족이 전 세계적으로 얼마나 위대한 민족이 될 것인가! 자라나는 청소년들에게 성경 교육이 필요한 이유가 여기에 있다.

인간은 스스로를 구원할 수 있는가?

나는 의인, 위인, 성자의 세 단어를 믿지 않는다.
이 땅에는 오직 한 가지 종류의 사람들만이 존재한다. 그들은 죄인이다. _파스칼

I. 성경적인 _____ 이해

인간은 성인인가 악인인가? 아니면 그 중간적인 존재인가? 인간은 날 때부터 ___하다는 성선설(性善說)과 날 때부터 ___하다는 성악설(性惡說)이 있다. 성경이 말하는 인간이해는 무엇인가? 성선설인가 성악설인가? 아니면 그것을 넘어서는 그 무엇이 있는가?

II. 인간과 하나님의 _____

하나님께서 당신의 아들을 주실 정도로 우리를 사랑하신 이유가 무엇인가? 그것은 우리 인간이 하나님의 형상을 지니고 있기 때문이다. 하나님께서는 소를 만드실 때는 소같이 만드셨고 개를 만드실 때는 개같이 만드셨다. 그러나 사람을 만드실 때는 ____같이 만들지 아니하시고 하나님같이, 하나

님의 _____대로 만드셨다.
"하나님이 자기 형상 곧 하나님의 형상대로 사람을 창조하시되 남자와 여자를 창조하시고"(창 1:27).

우리가 하나님의 형상대로 창조되었다는 것은 무엇을 의미하는가? 그것은 우리가 눈이나 코나 귀가 하나님을 닮았다는 말이 아니다. 그것은 우리 인간이 이 세상에서 유일하게 하나님의 성품을 비추고 반사할 수 있는 고유한 능력을 지니고 있다는 것을 의미한다.

사람은 이 세상의 어떤 동물과도 다르게 지·정·의가 있는 존재이며 도덕적인 의식이 있고 하나님과 _____적으로 교제할 수 있는 능력이 있다.

"나는 개코 _____이나 모래 한 알보다 인간을 더 중요하게 생각하는 이유를 모르겠다." _ 올리버 웬델 홈즈

사탄이 우리 인간을 싫어하고 괴롭히는 이유?
사탄의 _____극
"근신하라 깨어라 너희 대적 마귀가 우는 사자같이 두루 다니며 삼킬 자를 찾나니"(벧전 5:8).

III. _____인 인간

신학자이자 철학자인 폴 틸리히는 인간은 항상 세 가지 공포를 가지고 있다고 말했다. 의미 없음에 대한 공포, 죽음에 대한 공포, 죄에 대한 공포가 그것이다.

"여호와 하나님이 그 사람에게 명하여 이르시되 동산 각종 나무의 열매는 네가 임의로 먹되 선악을 알게 하는 나무의 열매는 먹지 말라 네가 먹는 날에는 반드시 죽으리라 하시니라"(창 2:16-17).

인간이 하나님께서 금지한 선악과를 따먹음으로 말미암아 모두 ____를 지니고 태어나게 되었다. 어떤 사람도 이 원죄에서 자유로운 사람은 없다. 우리가 알고 있는 살인, 강도, 간음 등의 모든 죄는 사실상 모두 원죄라는 뿌리에서 나온 ____이다. 그러므로 우리가 겪고 있는 모든 인간의 불행과 고통은 모두 이 원죄에서 시작되었다. 결국 유한한 인간이 ____하신 하나님으로부터 떨어져 나온 뒤 인간의 모든 고통과 어려움이 시작된 것이다.

"죄라는 것은 하나님에 대한 인간의 독립선언이다."
"At the heart of SIN is the letter 'I' [죄라는 단어의 중심에는 '나' (I)라는 단어가 들어 있다]."

_____성의 원리 : 전쟁 선포와 한강 백사장의 독사 새끼

어떤 사람이 꿈에 천사를 만났는데 천사는 다음과 같은 것을 보여 주었다. 하나님은 우리의 죄를 평가하실 때 상대평가가 아닌 _____ 평가로 평가하신다.

새끼 사자는 언제 사자가 되는가?
"내가 죄악 중에서 출생하였음이여 어머니가 죄 중에서 나를 잉태하였나이다"(시 51:5).

순자의 성악설과 성경의 원죄 교리의 근본적인 차이는 무엇인가?

"기록된 바 의인은 없나니 하나도 없으며 깨닫는 자도 없고 하나님을 찾는 자도 없고 다 치우쳐 함께 무익하게 되고 선을 행하는 자는 없나니 하나도 없도다"(롬 3:10-12).
"모든 사람이 죄를 범하였으매 하나님의 영광에 이르지 못하더니"(롬 3:23).

"나는 일생 동안 ____를 위하고 남들을 위해 ____를 하며 살았다. 그런데 그 대가가 싸늘한 세상의 비난과 _____라는 낙인뿐이라니." _ 알 카포네

"이 세상에는 오직 두 종류의 사람들만이 있다. 자신들이 죄인이라는 것을 아는 의인들과 자신들이 의인이라고 생각하는 죄인들이다." _ 파스칼

"죄를 인식하는 데서부터 _____이 시작된다." _ 마틴 루터

IV. 죄와 인간의 _____

"죄는 규칙을 어기는 것보다 훨씬 더한 것이다. 하나님은 복잡하면서도 서로 긴밀하게 관련된 우주를 창조하셨는데, 각 부분은 다른 부분들에 의존하고 있고 모든 것이 질서 있고 조화로운 법칙의 지배를 받는다. 죄는 그 질서와 조화의 모든 부분에 영향을 준다. 뒤틀리게 하고 부러뜨리고 왜곡시키고 부패시킨다." _ 찰스 콜슨

1. 죄의 결과로 모든 인간에게는 _____이 오게 되었다

"체스 게임이 끝나면 졸이나 차나 왕이나 퀸이나 다 같은 상자로 되돌아간다."
"죄의 삯은 사망이요"(롬 6:23).
"욕심이 잉태한즉 죄를 낳고 죄가 장성한즉 사망을 낳느니라"(약 1:15).

화병에 꽂힌 꽃은 살아 있는 꽃인가 ___ 꽃인가?
인간은 배터리 인생이다.

2. 죽음 이후에는 _____이 있다

"한번 죽는 것은 사람에게 정하신 것이요 그 후에는 심판이 있으리니"(히 9:27).

아이히만 재판: 이스라엘의 비밀경찰은 그를 _____ 년이나 추적하여 사형선고를 내렸다.
"내가 너희에게 이르노니 사람이 무슨 무익한 말을 하든지 심판 날에 이에 대하여

심문을 받으리니"(마 12:36).

3. 심판의 결과는 영원한 사망인 _____이다

지옥이 존재한다는 사실을 부인한다고 해서 지옥 자체가 없어질 수는 없다. "그러나 두려워하는 자들과 믿지 아니하는 자들과 흉악한 자들과 살인자들과 음행하는 자들과 점술가들과 우상 숭배자들과 거짓말하는 모든 자들은 불과 유황으로 타는 못에 던져지리니 이것이 둘째 사망이라"(계 21:8).

로댕의 생각하는 사람의 문제점은 무엇인가?

죽기 전에 인간은 자신을 구원할 수 있는 길을 찾아야 한다.

V. 인간은 스스로를 _____ 할 수 있는가?

1. 인간은 자신의 _____(인간의 이성)로도 구원을 얻을 수 없다

"하나님의 지혜에 있어서는 이 세상이 자기 지혜로 하나님을 알지 못하므로 하나님께서 전도의 미련한 것으로 믿는 자들을 구원하시기를 기뻐하셨도다"(고전 1:21).

2. 우리의 의로운 _____(선행)도 구원의 근거가 될 수 없다

"우리를 구원하시되 우리가 행한 바 의로운 행위로 말미암지 아니하고 오직 그의 긍휼하심을 따라 중생의 씻음과 성령의 새롭게 하심으로 하셨나니"(딛 3:5).

3. 율법(계명)을 지키는 _____ 행위로도 의롭다 하심을 얻을 수 없다

"그러므로 율법의 행위로 그의 앞에 의롭다 하심을 얻을 육체가 없나니 율법으로

는 죄를 깨달음이니라"(롬 3:20).

4. _____의식을 열심히 지키는 것(종교행위)도 우리를 구원하여 주지 못한다.

"예수께서 대답하여 이르시되 진실로 진실로 네게 이르노니 사람이 거듭나지 아니하면 하나님의 나라를 볼 수 없느니라(요 3:3).

"사람은 얼굴에 뿌려진 세례수가 마르기도 전에 _____에 갈 수가 있다."

_ 존 트랩

VI. 착하게 사는 것만으로 안 되는 이유

인간에게 있어서는 다가오는 죄와 죽음과 심판(지옥)으로부터 구원을 받는 것만큼 중요한 일이 없다.
하나님은 몇 점을 요구하시는가?
"그러므로 하늘에 계신 너희 아버지의 온전하심과 같이 너희도 온전하라"(마 5:48).
"모든 사람이 죄를 범하였으매 하나님의 영광에 이르지 못하더니"(롬 3:23).

인간이 스스로의 노력으로 구원을 얻고자 하는 것은 마치 태평양을 _____ 건너가려고 시도하는 것과 같다.

"구원은 거저 받는 것이다. 왜냐하면 이미 누군가가 그 ___을 지불하였기 때문이다."

만약 사람들이 직접 기독교를 만든다면 아마 대부분의 사람들은 구원에 관하여 이런 식으로 규칙을 세울 것이다.
"규칙 1: _____ 사람들은 천국에 간다."

"규칙 2: ____ 사람들은 지옥에 간다."
이 같은 규칙은 언뜻 보기에 대단히 합리적이고 공정한 것 같다. 그러나 이 규칙에는 대단히 중요한 문제가 있다.
그것은 이 세상에는 선한 사람이 전혀 없다는 것이다. 그러므로 하나님께서 이러한 방식으로 구원의 길을 만드셨다면 ____은 텅텅 비어 버리게 된다. 그러므로 하나님께서는 우리가 천국에 들어갈 만큼 의로운 사람으로 인정받는 또 하나의 방법을 제안하셨다. 그것은 ____하여 죄를 용서받아 천국에 가는 것이다.

이것은 세상에 있는 공정성을 초월하는 은혜이다. 그래서 기독교는 ____의 종교인 것이다.

"무릇 우리는 다 부정한 자 같아서 우리의 의는 다 더러운 옷 같으며 우리는 다 잎사귀 같이 시들므로 우리의 죄악이 바람같이 우리를 몰아가나이다"(사 64:6).

인간은 여전히 구세주가 필요하다. 왜냐하면 우리가 비록 아무리 여러 가지 새로운 심리학적인 이름으로 그것을 지칭하더라도 죄는 여전히 죄이기 때문이다. _ F. M. 스와필드

사탄의 인질극

이 사람은 누구인가?

사람은 선하게 보이는 사람이나 악하게 보이는 사람이나 누구든지 그 내면에는 심각한 죄성을 지니고 있다. 여러분은 이 사람을 누구라고 생각하는가? 그는 개인적으로 술도 마시지 않았고 담배도 피우지 않았다. 그는 그림 그리기를 좋아하여 화가가 되고 싶어 했으며 여자와 아이들과 함께 있는 것을 즐기는 문화인이었다. 그는 역사, 철학, 예술 등 각 방면의 책을 즐겨 읽었으며 음악적 재능 또한 대단했다. 특별히 그는 오페라를 무척 좋아하여 바그너의 작품인 '트리스탄과 이졸데'를 마흔 번이나 보기도 했다.

그가 군대에 있었을 때 그는 길 잃은 강아지를 붙잡아 '푸크슬'이라는 이름을 지어 주었으며 그 강아지를 지극 정성으로 돌보아 주었다. 그런데 어느 날 누군가가 그의 강아지를 훔쳐 버리자 그는 슬픔에 잠겨 며칠 동안 제정신이 아닐 정도로 정이 깊은 사람이었다.

그는 특별히 어머니를 사랑하여 서른네 살 때에 자기 어머니에 대한 훌륭하고 아름다운 시를 써서 사람들에게 보여 주었으며 그의 어머니가 유방암에 걸려 병상에 누웠을 때도 두 달 동안 병상을 지키며 어머니를 극진히 간호했다. 그 후 어머니가 돌아가시고 난 뒤에도 그는 자신이 직접 그린 어머니의 초상화를 죽을 때까지 간직했다고 한다.

여러분은 이 사람이 누구라고 생각하는가? 여러분은 그의 이름을 들으면 아마 크게 놀랄 것이다. 그의 이름은 바로 역사 속에 가장 악한 사람으로 기록되어 있는 아돌프 히틀러이다. 이것은 무엇을 말해 주는가? 인간은 아무리 선하게 행동하더라도 그 속에 너무나 무서운 악의 요소가 존재하고 있다는 사실이다.

이와 비슷한 이야기가 또 하나 있다. 예힐 디누어라는 사람의 이야기이다. 그는 아우슈비츠 강제 수용소의 생존자였는데 유대인 대학살을 주동한 최악의 전범자 중 한 명인 아이히만의 만행을 증언하기 위하여 1960년 전범 재판정에 서게 되었다. 그런데 재판정에 들어선 그는 아이히만을 똑바로 쳐다보더니 갑자기 외마디 비명을 지르며 마루에 쓰러진 채 흐느껴 울었다고 한다. 그가 울게 된 이유는 무엇인가?

디누어는 수용소에서 아이히만의 잔혹성에 몸서리를 치면서 그가 악마와 같이 끔찍한 사람일 것으로 예상했다. 그러나 자신의 예상과는 달리 아이히만이 악의 화신이 아니라 이웃집 아저씨같이 흔히 볼 수 있는 평범한 한 인간임을 깨달았을 때 큰 충격을 받게 된 것이다. 그는 나중에 CBS의 '60분'(60 Minutes)이라는 TV 프로에 출현해서 그가 느낀 감정을 다음과 같이 설명했다. "그 순간 나는 내 자신이 두려워지기 시작했습니다. 나도 그와 똑같이 그런 잔인한 짓을 충분히 저지를 수 있는 존재라는 사실을 깨달았기 때문입니다." 그렇다. 우리 안에도 히틀러나 아이히만처럼 될 수 있는 죄성이 늘 잠재해 있는 것이다.

내 기억은 거의 사라졌지만 두 가지만은 아직 분명하다. 나는 악랄한 죄인이며 그리스도는 위대한 구세주이시다! _ 존 뉴턴이 82세의 나이로 죽기 얼마 전에 남긴 말

 ## 지옥은 정말 있는가?

역사 전체를 볼 때 오직 인간만이 죽음을 자각하는 유일한 피조물이다.
그러나 죽음을 준비하지 못한 사람은 마지막 순간까지도
자신의 죽음을 하나의 현실로 인정하려 하지 않는다. _ 모리스 롤링스

I. 지옥은 정말 있는가?

하나님에게는 사랑과 _____라는 두 가지 속성이 동시에 있다.

Q. "사랑의 하나님이 어떻게 사람이 죄를 지었다고 그들을 ___으로 보낼 수 있는가?"
A. "거룩하시고 공의로운 하나님께서 어떻게 ___를 지은 사람들을 그분 앞에 그대로 두시겠는가?" _ 조쉬 맥도웰

"또 왼편에 있는 자들에게 이르시되 저주를 받은 자들아 나를 떠나 마귀와 그 사자들을 위하여 예비된 영원한 불에 들어가라"(마 25:41).

II. 지옥을 믿을 수밖에 없는 이유

1. 성경과 ____의 증언

성경에는 지옥이라는 단어가 ____번 이상이나 나온다. 그리고 죽음 이후의 형벌의 장소를 언급하는 구절들은 그보다 두 배나 더 많다.

예수님께서 하신 부자와 거지 나사로의 비유 (누가복음 16:24)

"만일 네 손이 너를 범죄하게 하거든 찍어버리라 장애인으로 영생에 들어가는 것이 두 손을 가지고 지옥 곧 꺼지지 않는 불에 들어가는 것보다 나으니라 만일 네 발이 너를 범죄하게 하거든 찍어버리라 다리 저는 자로 영생에 들어가는 것이 두 발을 가지고 지옥에 던져지는 것보다 나으니라 만일 네 눈이 너를 범죄하게 하거든 빼버리라 한 눈으로 하나님의 나라에 들어가는 것이 두 눈을 가지고 지옥에 던져지는 것보다 나으니라 거기에서는 구더기도 죽지 않고 불도 꺼지지 아니하느니라 사람마다 불로써 소금 치듯 함을 받으리라" (막 9:43-49).

2. 죽었다가 ____난 자들의 증언

지옥의 존재는 죽었다가 살아난 자들의 증언을 토대로 한 의사들의 임상적인 경험을 통해서도 증명이 된다. 다음은 심장 혈관 질환의 전문의이자 응급 소생술의 국제적인 권위자인 모리스 롤링스가 쓴 「죽음을 준비하는 그리스도인」이라는 책에 나오는 이야기이다.

· 48세의 우체부 찰리 맥케익이 경험한 이야기

"사후 세계의 존재 확률은 50 대 50이기 때문에 우리는 죽음 이후의 문제를 아무렇게나 생각해서는 안 된다." _ 모리스 롤링스

· 모리스 롤링스의 환자가 경험한 지옥에 대한 증언

3. ___ 가는 자들의 증언

"모든 것이 ____하다." _ 에드워드 기본

"모든게 ___이다, 빛, 빛!" _ 어거스터스 톱레이디

"나는 차라리 나지 아니하였더라면 좋았을걸." "나는 ___에 간다." _볼테르

"나에겐 구원이 없다. 나는 회개할 수가 없다. 하나님이 나를 저주하실 것이다. 나는 은혜의 날이 지나가 버린 것을 안다. 영원히 저주받은 자를 보라. 오 영원히! 영원히! 나에겐 오직 지옥이 있을 뿐이다. 영원한 ___이 다가온다." _ 윌리엄 포우프

"내가 온 세상을 갖고 있다면 단 하루를 살기 위해 기꺼이 내어 주리라. 그 세상에서 빠져나갈 구멍을 찾는다면 나는 기쁠 것이다. 나는 ___ 속으로 뛰어들고 있구나." _ 토마스 홉스

"하나님을 섬기고 그분과 교제하며 보낸 삶은 인간이 이 세상에서 누릴 수 있는 가장 만족스러운 삶이다." _ 매튜 헨리

"모든 것 중에서 가장 좋은 것은 _____께서 우리와 함께 계신다는 것이다." _ 요한 웨슬레

"오늘은 내 생애 가장 기쁜 날이다." _ 엘레르트 얀센

III. 사후 세계에 대한 경각심을 가지라

모리스 롤링스 의사는 우리에게 중요한 부분을 지적해 주고 있다. 그는 말하기를 오늘날 우리는 의학의 발달에 의해 과거 그 어느 때보다 ___ 이후의 세계에 대하여 더 자세히 알 수 있는 조건을 갖추고 있다는 것이다.

오늘날 발달된 심폐소생술 덕분에 현재까지 800만에서 1,100만 명에 이르는 미국인들이 임사체험(臨死體驗, near death experience, NDE)을 했다.

"대부분의 사람들은 그야말로 죽음을 죽도록 두려워한다. 병원에서도 죽을 때가 되면 환자들은 '의사 선생님, 죽음이 두렵습니다.' 하고 말한다. 그러나 '의사 선생님, ____이 두렵습니다.' 하고 말하는 환자는 이제까지 한 사람도 보지 못했다." _ 모리스 롤링스

모리스 롤링스는 정확성을 기하기 위하여 임사체험을 한 사람들의 이야기를 모두 무조건적으로 신뢰하지는 않고 그들 가운데서 그 체험 이후 삶의 _____가 있는 자들을 유심히 살펴보았다.

임사체험에 대한 환자들의 경험은 신기하게도 대부분 일치하였다.

"이것은 이상한 일이 아니니라 사탄도 자기를 광명의 천사로 가장하나니"(고후 11:14).

IV. 지옥의 특징

성경에 따르면 지옥은 다음과 같은 세 가지 특징을 가지고 있다.

1. 지옥은 _____가 없는 곳이다

"이곳에 들어오는 자는 모든 ____을 버려라." _ 단테의 신곡
(무저갱 / Bottomless pit) (계 20:3)
우주의 ____홀을 생각해 보라

2. 지옥은 ____한 곳이다

"지옥이 갖는 가장 무서운 면은 아마도 ____일 것이다. 사람들은 아무리 큰 고통이라도 그것이 언젠가는 결국 끝나리라는 것을 알면 참아 낼 수가 있다. 그러나 지옥에서는 그러한 희망이 없다. 성경은 형벌이 영원하다는

것을 명확하게 가르친다." _ R. C. 스프로울

"지옥은 견딜 수 없는 고통이요 끝없는 단절과 분리와 외로움이다. 이런 처절한 단절과 분리가 잠깐이 아니요 영원하다는 사실을 깨닫게 될 때 누구든지 더 이상 소망이 없다는 절망감으로 그의 영혼은 압도당하게 된다."
_ 밀라드 에릭슨

_____(eternal life)은 천국뿐만 아니라 지옥에도 있다.

"그 사람은 차라리 태어나지 아니하였더라면 제게 좋을 뻔하였느니라"(마 26:24).

"영생은 곧 유일하신 참 하나님과 그가 보내신 자 예수 그리스도를 아는 것이니이다"(요 17:3).

"그도 하나님의 진노의 포도주를 마시리니 그 진노의 잔에 섞인 것이 없이 부은 포도주라 거룩한 천사들 앞과 어린 양 앞에서 불과 유황으로 고난을 받으리니 그 고난의 연기가 세세토록 올라가리로다 짐승과 그의 우상에게 경배하고 그의 이름표를 받는 자는 누구든지 밤낮 쉼을 얻지 못하리라 하더라"(계 14:10-11).

여기에서 세세토록(forever and ever)으로 번역된 헬라어는 _____을 의미하는 것이다.

"나는 하나님의 말씀에서 영원한 고통의 가르침을 보지 않기 위하여 내가 할 수 있는 모든 것을 해 보았지만 실패하고 말았다.
_ 아돌프 모나드(Adolphe Monad)

"지옥은 영원히 존재한다. 불신자들은 죽지만 지옥에서는 결코 죽을 수가 없다. 지옥에서는 영원히 그 타는 연기가 솟아오를 것이다. 오! 누가 영원히 계속되는 그 혹독한 고통을 참을 수가 있을까? 이 '_____' 란 말이 가슴을 찢어 놓는다. 지금 불신자들은 안식일이 길다고 푸념하고 기도도 너무 길다고 사양한다. 그러나 오! 그들이 지옥에서 영원토록 견뎌야 하는 시간들은 얼마나 길고 길까?" _ 토마스 왓슨

3. 지옥은 실제적인 ____이 있는 곳이다

"몸은 죽여도 영혼은 능히 죽이지 못하는 자들을 두려워하지 말고 오직 몸과 영혼을 능히 지옥에 멸하실 수 있는 이를 두려워하라"(마 10:28).

전도 폭발 운동의 창시자이신 제임스 케네디 목사님이 만난 사람

빌 와이즈의 『지옥에서의 23분』

"사람마다 불로써 소금 치듯 함을 받으리라"(막 9:45).

"지옥에서는 인간의 모든 감각기관들까지도 견디기 힘든 고통을 받을 것이다. 귀는 정죄받은 죄인들의 끔찍한 비명소리와 절규와 울음소리로, 눈은 두려움과 소름끼치는 처참한 광경들로, 코는 열려진 무덤으로부터 올라오는 송장 썩는 냄새보다 더한 악취와 죽음의 냄새들로 인해 참으로 견디기 힘든 고통을 받게 될 것이다." _ 토마스 빈센트

V. ____하고 생각하지 말라

많은 사람들이 지옥에 대한 경고를 무시한다. 설마 그런 곳이 있겠는가 하고 생각한다. 그러나 그렇지 않다. 다음은 1948년 엘버타에 사는 조지 고드킨이라는 사람이 중병을 오래 앓다가 경험한 지옥 체험이다. 그는 다음과 같이 말한다.
"나는 지옥이라 부르는 영계로 인도되었다. 이곳은 예수 그리스도를 거절한 사람들이 들어가는 형벌의 장소였다. 나는 지옥을 봤을 뿐만 아니라 거기 들어갈 사람들이 겪을 고통도 맛보았다. 지옥의 어둠은 얼마나 두껍던지 평당 압력을 잴 수도 있을 것 같았다. 정말 지독하게 깜깜하고 끔찍했으며, 적막하고 묵직한 어둠이었다. 어둠 속에 있는 각 사람을 짓누르고 의기소침하게 만드는 그런 어둠이었다. 물기라고는 찾아볼 수 없게 하는 열 기운이

그곳에 있었다. 눈알이 어찌나 건조하게 느껴지는지 눈구멍 안에 빨갛게 단 석탄 두 개가 들어 있는 것만 같았다. 입술과 혀가 고열로 바짝 말라붙어 쩍쩍 소리가 나게 갈라졌다. 콧김이 마치 용광로에서 뿜어 나오는 바람처럼 후끈후끈했다. 몸 바깥쪽은 무슨 난로 안에 갇힌 것처럼 뜨거웠고 몸 안쪽도 밖에서 들어오는 뜨거운 김으로 고통스럽기 그지없었다. 이 지옥이 인간 영혼에게 주는 고통과 고독의 처절함은 정말이지 말로는 제대로 표현할 수가 없다. 그저 겪어 봐야만 알 수 있을 뿐."

_ Marvin Ford 著 『On the Other Side』에서 인용

"지옥이 없다면 모든 _____책은 다 불태워 버려야 한다. 또, 지옥이 없다면 많은 시간과 돈을 들여 _____을 지을 필요가 없다. 있는 _____을 다 사교장으로 만들어야 한다." _ D. L. 무디

불신자들에 대한 하나님의 은혜의 기간은 죽음으로 끝이 난다. _ 필립 헨리

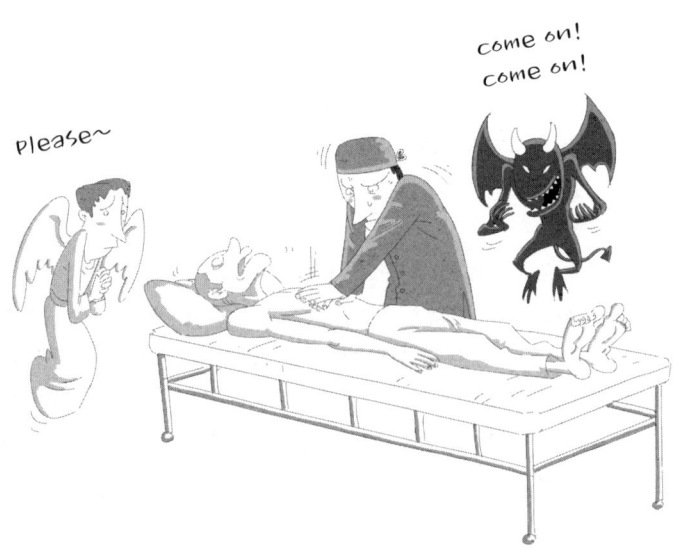

박영문 장로님의 천국과 지옥 간증

　박영문 장로님은 전에는 하나님을 전혀 믿지 않고 주먹 하나만을 믿고 깡패로 살아가던 사람이었다. 그러던 그가 교통사고로 구치소에 들어갔는데 부인이 면회 오지 않고 이혼을 요구하기에 아내를 포함한 처가 일가족 8명을 한꺼번에 몰살할 계획을 세웠다. 그리고 그의 어머니를 마지막으로 보고 올라가고자 서울에서 광주로 왔다가 1986년 4월 3일 밤 10시~11시 10분 (70분) 사이에 천국과 지옥을 보게 되었다.

　그는 당시 잠깐 잠을 자기 위해 방바닥에 배를 깔고 누워 있었으나 어느 사이엔가 영혼이 빠져 나가 황금 마차를 타고 그가 절대로 믿고 싶어 하지 않았던 천국과 지옥을 보게 되었다. 먼저 천국에서 그는 음악 소리에 맞춰 춤을 추는 사람들 가운데서 몇 년 전 병으로 돌아가신 외삼촌을 보았다. 당시 외삼촌은 병으로 바짝 말라붙어 돌아가셨지만 예수님 믿는다고 서울 위 아래 집에서 상종도 안했던 터였는데 그는 그곳에서 너무나 아름다운 옷을 입고 행복해 하는 외삼촌을 보게 된 것이다.

　그리고 잠시 후 그를 실은 황금마차는 갑자기 캄캄한 곳으로 들어갔는데 그는 그곳에서 당시 6년 전에 돌아가셨던 아버지를 볼 수 있었다. 그의 아버지는 살아 계실 때 공자, 맹자 하면서 유교를 신봉하시느라 향교 출입도 많이 하셨고 향교의 장의까지 지내시던 분이셨는데 평소에 예수 믿는 것과는 상극이라 할 만큼 기독교를 싫어하시던 분이었다. 그의 아버지가 돌아가실 때 몸이 퉁퉁 부어서 입관할 때 관을 두 배로 크게 짜서 장례를 치러 드렸는데 지옥에서 만난 그의 아버지의 다리에는 온몸을 기어다니며 찢고 있는 세모 대가리의 독사가 가득했다.

그리고 갑자기 불빛이 옮겨지자 아무것도 안 보일 정도로 다시 깜깜해졌는데 시뻘건 불빛이 이글대는 큰 화로가 있는 곳에 불빛이 비추어지자 그의 큰아버지가 너무 뜨거워 우우 거리며 이리 몰리고 저리 몰리면서 고통을 받고 있는 모습이 보였다.

세 번째로 비친 불빛의 장소는 시꺼먼 큰 구렁이가 사람들의 온몸을 칭칭 감고 있었고 밑에는 뱀들이 기어다니고 있었는데 팔뚝만한 세 마리의 구렁이에 온몸이 칭칭 감겨 있는 자는 오토바이 사고로 죽은 자신의 친구였다.

그 후 마차가 '심판대'라는 곳으로 그를 안내했는데 거기에는 그가 손으로, 입으로, 발로, 생각으로 지은 모든 죄가 '회고록'이라는 데에 다 상세하게 기록되어 있었다. 그곳에서 그는 "믿겠느냐! 믿겠느냐!" 하는 우렁찬 목소리를 듣고 너무나 두려워 그 자리에서 무릎을 꿇고 "주님! 믿겠습니다."라고 답변을 했다.

세상으로 돌아온 그는 자신을 위하여 18년간이나 기도해 준 광주 안디옥교회 목사인 자신의 친형님을 찾아가 자신에게 일어난 일을 이야기하였고 형님은 감격에 겨워 그를 끌어안고 통곡을 하였다. 그 후 그는 교회 장로가 되어 지금까지 국내외 1,700개 이상의 교회를 다니면서 천국과 지옥을 증언하고 있다.

― 박영문 著 『천국과 지옥을 믿습니까』(쿰란출판사)에서 발췌

박영문 장로님의 신앙 간증은 한국 교계에서도 그 진실성을 인정받고 있는 귀한 간증인데 특별히 그분이 CBS 방송국에서 간증을 하시면서 마지막에 하신 이야기가 참 인상적이었다. 그것은 자신이 진짜로 천국과 지옥을 목격하지 않았다면 이 세상의 어느 불효자가 자신의 아버지가 지옥에서 고통받고 있다는 이야기를 그렇게 하고 다니겠느냐는 것이다. 그렇다. 그것 하나만 보더라도 박영문 장로님의 간증이 진실하다는 것을 확신할 수 있다. 우리는 이 간증을 통해서 지옥의 사실성에 대하여 더더욱 깊은 경각심을 가져야 할 것이다.

5 천국은 정말 있는가?

그리스도인에게 죽음은 천국의 동녘이 트기 전 마지막 어둠이다.

I. 천국을 사모하는 인간

사실 우리 인간은 누구나 천국에 대한 관심이 있다. 그것은 인간은 동물과 달리 ___이 있는 존재이기 때문이다.
세계적인 강연가인 존 맥스웰 목사님은 이집트에 가서 _____를 보고서 큰 충격을 받았다고 하였다.
오늘날의 문화는 _____ 문화이다.

II. 천국은 정말 있는가?

지옥에 대하여 생각해 보았다면 우리는 천국에 대해서도 생각해 보아야 한다.

· 2006년 12월 리더스 다이제스트에 기사로 나왔던 멜빈 모스의 보고서
10년에 걸친 조사에서 모스는 사망 직전에 이른 아이들 26명 중 2명만 빼고

모두 신비로운 임사 체험을 했다는 사실을 알아냈다. 여기서 중요한 것은 이들보다 증세가 위중하지는 않았지만 의식을 잃었던 아이들 121명 중에는 임사체험을 한 아이가 한 명도 없었다는 사실이다. 이것은 실제로 ___ 직전까지 갔던 아이들만 임사체험을 했다는 것으로 임사 체험이 심리적 또는 생리학적인 것이 아닌 무엇인가 ____ 실체가 있음을 증명하는 것이다.

성경은 사후 세계에 관하여 기록된 유일한 책이다. 성경에는 지옥뿐만 아니라 천국에 대해서도 분명히 이야기하고 있다. 천국은 하나님의 나라이다. 우리가 어떤 나라에 들어가려면 미리 준비를 해야 한다.

III. 천국이 있다고 믿을 수밖에 없는 이유

천국의 실재를 분명하게 알 수 있게 해 주는 세 가지 증언이 있다.

1. ____의 증언

"성령으로 나를 데리고 크고 높은 산으로 올라가 하나님께로부터 하늘에서 내려오는 거룩한 성 예루살렘을 보이니 하나님의 영광이 있어 그 성의 빛이 지극히 귀한 보석 같고 벽옥과 수정같이 맑더라"(계 21:10-11).

성경은 천국의 기초는 ____으로 되어 있고 성곽은 벽옥으로 둘러싸여 있다고 이야기한다. 그리고 천국의 ___는 황금길이며 ___은 진주문이라고 이야기한다(계 21:18-21).

2. ___ 그리스도의 증언

"위로부터 오시는 이는 만물 위에 계시고 땅에서 난 이는 땅에 속하여 땅에 속한 것을 말하느니라 하늘로부터 오시는 이는 만물 위에 계시나니 그가 친히 보고 들은 것을 증언하되 그의 증언을 받는 자가 없도다"(요 3:31-32).

"그는 근본 하나님의 본체시나 하나님과 동등됨을 취할 것으로 여기지 아니하시고 오히려 자기를 비워 종의 형체를 가지사 사람들과 같이 되셨고"(빌 2:6-7).

"회개하라 천국이 가까이 왔느니라"(마 3:2).

"오늘 네가 나와 함께 낙원에 있으리라"(눅 23:43).

"너희는 마음에 근심하지 말라 하나님을 믿으니 또 나를 믿으라 내 아버지 집에 거할 곳이 많도다 그렇지 않으면 너희에게 일렀으리라 내가 너희를 위하여 거처를 예비하러 가노니 가서 너희를 위하여 거처를 예비하면 내가 다시 와서 너희를 내게로 영접하여 나 있는 곳에 너희도 있게 하리라"(요 14:1-3).

"내 아버지 집에 거할 곳이 많도다"(요 14:2).
"In my Father's house are many mansions"(John 14:2).

3. 천국을 ____ 한 사람들의 증언

· 노만 빈센트 필 목사님의 ____ 에 대한 증언: "저쪽은 너무나 ____ 답군."
· 결핵으로 죽어 가고 있던 한 ____ 의 증언
· 빌리 그래함 목사님의 _____ 이야기

· 다음은 ____ 대학에서 소아학을 가르치는 다이앤 콤프 박사가 백혈병으로 죽어가는 7살짜리 소녀와 그 가족을 위로해 줄 때 일어난 일이다.
· 모리스 롤링스는 자신이 직접 옆에서 지켜본 아이다 윌리엄스라는 환자의 ____ 순간을 다음과 같이 묘사한다.

· 미합중국 의회의 의장이었으며 미국이 낳은 가장 위대한 설교가 중의 한 사람이었던 피터 마샬의 아내인 캐서린 마샬이 그의 ____ 에 대하여 쓴 「A Man Called Peter」(피터라고 불렸던 사나이)라는 책에 나오는 이야기

· 다음은 1970년대 후반 _____ 참모총장 제임스 존슨이 경험한 이야기이다.

"이것으로 끝이다. 그러나 _____ 시작이다." _ 디트리히 본회퍼

"언젠가 여러분은 신문에서 D. L. 무디 사망이라는 기사를 읽을 것입니다. 그러나 그 말에 속지 마십시오. 저는 그날 아침에 그 어느 때보다 더욱 _____ 하게 살아 있을 것입니다." _ 무디

"나는 땅이 물러가고 _____이 열리는 것을 본다. 하나님이 나를 부르고 계신다." _ 무디

IV. 천국의 특징

천국에 없는 것이 무엇이고 천국에 있는 것이 무엇인가.

1. 천국에 없는 것

1) 천국에는 모든 _____한 것이 없다
"무엇이든지 속된 것이나 가증한 일 또는 거짓말하는 자는 결코 그리로 들어가지 못하되"(계 21:27).
천국에는 _____도 없고 우리를 그렇게 괴롭히던 _____도 없다. 천국은 완전하고 거룩한 곳이기 때문이다.

2) 천국에는 _____가 없다
"다시 저주가 없으며"(계 22:3). 천국에는 슬픔의 _____이 없고 _____이 없고 _____이 없다. 이 모든 것은 저주로 인하여 생긴 것이기 때문이다.
"모든 눈물을 그 눈에서 닦아 주시니 다시는 사망이 없고 애통하는 것이나 곡하는 것이나 아픈 것이 다시 있지 아니하리니 처음 것들이 다 지나갔음이러라"(계 21:4).

"Earth has no sorrow that Heaven cannot heal(천국이 치유할 수 없는 이 땅의 슬픔은 없다)." _ 토마스 무어경

3) 천국에는 ____이 없다
"그 성은 해나 달의 비침이 쓸 데 없으니 이는 하나님의 영광이 비치고 어린 양이 그 등불이 되심이라"(계 21:23).
천국에서는 하나님과 어린양 _____ 자신이 빛이 되신다. 그러므로 우리는 천국에서 영원히 하나님의 영광의 ___ 가운데 거하게 될 것이다.

"성도에게 영원이란 결코 해가 지지 않는 낮이 계속되는 것이고 불신자에게 영원이란 결코 해가 뜨지 않는 밤이 계속되는 것이다." _ 토마스 왓슨

2. 천국에 있는 것

1) 천국에는 찬란한 ____과 우리가 살 ___이 있다.
"또 내가 보매 거룩한 성 새 예루살렘이 하나님께로부터 하늘에서 내려오니"(계 21:2).
우리는 영광과 은혜가 충만한 천국 도성에서 영원히 행복하게 살 것이다.

2) 천국에는 생명수 _____과 생명____가 있다
"또 그가 수정같이 맑은 생명수의 강을 내게 보이니 하나님과 및 어린 양의 보좌로부터 나와서 길 가운데로 흐르더라 강 좌우에 생명나무가 있어 열두 가지 열매를 맺되 달마다 그 열매를 맺고 그 나무 잎사귀들은 만국을 치료하기 위하여 있더라"(계 22:1-2)
그곳에서 우리는 다시는 목마름과 배고픔을 경험하지 않을 것이다.

3) 천국에는 우리가 이 땅을 살면서 교제하였던 ___들이 있고 무엇보다 _____과 예수님이 계신다.
"하나님과 그 어린 양의 보좌가 그 가운데에 있으리니"(계 22:3).

우리는 그분을 찬양하며 영원토록 기뻐할 것이다. 그리고 동시에 우리는 그분과 함께 전 ____를 다스릴 것이다.

"그들이 세세토록 왕 노릇 하리로다"(계 22:5).

V. 당신은 천국을 믿는가?

그리스도인들에게 있어서는 죽음이라는 것은 지금까지 경험해 보지 못한 더 위대하고 황홀한 세계로 ____을 떠나는 것을 의미한다. 그래서 '실낙원'을 쓴 위대한 작가 밀턴은 죽음을 "영원의 궁전을 여는 황금 ____"라고 표현했다.

런던의 씨티 템플(City Temple)에서 수년간 설교를 한 위대한 설교자인 레슬리 웨드허드(Leslie D. Weatherhead) 목사님이 한번은 우리가 천국에 들어가는 것을 아기의 ____으로 비유해서 이야기한 적이 있다.

"그의 경건한 자들의 죽음은 여호와께서 보시기에 귀중한 것이로다"(시 116:15).

VI. 당신의 선택은 무엇인가?

인간의 삶은 일생(一生)이 아니고 ____(三生)이다. 앞의 생은 뒤의 생을 잘 보내기 위한 준비 과정이다. 여러분은 자신의 인생 가운데 ____의 시간을 어디에서 보내기를 원하는가?

지옥이나 천국에서는 시간의 개념이 없기 때문에 현재의 느낌이 ____ 계속되는 곳이 천국이나 지옥이다.

"영원은 끝없는 ____이다." _ 크리스토퍼 네스

"또 증거는 이것이니 하나님이 우리에게 영생을 주신 것과 이 생명이 그의 아들

안에 있는 그것이니라 아들이 있는 자에게는 생명이 있고 하나님의 아들이 없는 자에게는 생명이 없느니라"(요일 5:11-12).
성경은 하나님의 아들이신 ____ 그리스도 안에 영생이 있다고 분명히 이야기한다.

여러분은 계란에도 두 종류가 있다는 사실을 아는가? 바로 유정란과 ____란이다. 겉으로 보기에는 똑같지만 어미 닭이 알을 품으면 결과는 판이하게 달라진다.

우리는 살아 있을 동안에만 기회가 있다. 죽음이란 우리의 존재의 ____이기에 죽고 난 뒤에는 우리는 자신의 영적 상태를 변화시킬 수 없다.

나는 지금까지 온 세상을 돌아다니며 여러 호텔과 모텔 방에서 잠을 잤고 여러 항공사의 비행기를 탔고 수많은 외국어를 배우려고 노력하였다. 바다가 눈앞에 보이는 곳에 별장이 있어 일년 내내 수영을 할 수 있는 휴양지도 내게 매력적으로 느껴지지만 나이가 들어갈수록 가장 멋진 휴식은 집으로 돌아가는 것이라는 생각이 든다. _ 빌리 그래함

죽음을 이렇게 생각해 보면 어떨까?

- 노만 매클라우드(Norman Macleod)

"We picture death as coming to destroy;
우리는 죽음을, 파괴하기 위하여 오는 것으로 묘사한다.
let us rather picture Christ as coming to save.
그러나 죽음을 그리스도가 우리를 구원하기 위하여 오시는 것으로
묘사해 보면 어떨까.

We think of death as ending;
우리는 죽음을 마지막으로 생각한다.
let us rather think of life as beginning, and that more abundantly.
그러나 죽음을 삶으로, 그것도 풍성한 삶의 시작으로 생각해 보면
어떨까.

We think of losing;
우리는 죽음을 잃어버리는 것으로 생각한다.
let us think of gaining.
그러나 그것을 얻는 것으로 생각해 보면 어떨까.

We think of parting,
우리는 죽음을 이별로 생각한다.
let us think of meeting.
그러나 그것을 만남으로 생각해 보면 어떨까.

We think of going away;
우리는 죽음을 멀리 가는 것으로 생각한다.
let us think of arriving.
그러나 그것을 도착하는 것으로 생각해 보면 어떨까.

And as the voice of death whispers 'You must go from earth,'
죽음의 목소리가 우리에게 '너는 이제 이 땅을 떠나야 한다.' 라고
속삭인다고 생각하는 대신에
let us hear the voice of Christ saying, 'You are but coming to Me!' "
주님께서 '너는 이제 내게 오는 것이다.' 라고 말씀하시는 것이라고
생각해 보면 어떨까.

돈 파이프 목사님의 천국 경험

1989년 1월 텍사스 침례교파 총회에 참석하고 오던 돈 파이프 목사님은 대형 교통사고를 당하여 완전히 죽었다는 선고를 받았다. 그의 차는 형편없이 망가졌고 목사님의 맥박은 완전히 끊어졌다. 그때 마침 사고 현장을 지나가던 딕 오너렉커 목사님은 시신이 되어 있는 사고 피해자를 위하여 기도해 주라는 강력한 하나님의 인도하심을 받아 그를 위해 간절히 기도하게 된다. 경찰관은 그 사람이 죽은 지 이미 90분이 지났다고 하면서 소용없는 짓이라고 고개를 저었다. 그러나 딕 목사님은 죽어 있는 사람이 목사인지도 모른 채 하나님의 강력한 음성에 순종하여 그를 위하여 간절한 기도를 했고 얼마 후 시체가 눈을 뜨는 것을 목격했다. 죽어 있던 90분 동안 돈 파이프 목사님은 천국을 생생하게 경험했다. 그는 빛 가운데 이끌려서 천국에 도달했다. 그곳에서 그는 자신보다 먼저 죽은 자신의 사랑하는 할아버지, 할머니와 친구들을 만날 수 있었다. 그는 다음과 같이 말한다.

"나의 어릴 적 할머니 해티 멘은 토종 미국인이었다. 나의 어릴 적 기억으로는 할머니는 늘 골다공증으로 고생하고 있었다. 그리고 목과 어깨는 앞으로 휘어 있었다. 즉, 몸이 전체적으로 굽어 있었다. 또한 할머니의 얼굴에 주름이 매우 많았다는 사실을 기억한다. 그뿐 아니라 할머니를 회상할 때 명확하게 떠오르는 모습 중 하나는 틀니를 하고 계셨고 평소에는 그것을 빼고 다니실 때가 많았다는 것이다. 그런데 천국에서 나에게 미소를 지어 주었을 때 할머니의 이에서는 광채가 발하고 있었다. 그것은 내가 본 미소 중 가장 아름다운 미소였다. 나는 몇 가지 사실을 더 확인할 수 있었다. 그녀의 몸은 더 이상 굽어 있지 않았다. 꼿꼿하고 바르게 서 있었다. 그리고 얼굴에서 주름은 하나도 찾아 볼 수 없었다. 나이를 도무지 파악할 수 없었다. 아니 그런 생각을 할 필요조차 없었다. 할머니의 얼굴을 보면서 천국에는 나이의 개념이 없다는 사실을 알게 되었다."

돈 파이프 목사님의 천국 경험에서 지금까지도 가장 강렬하게 그의 마음에 남아 있는 것은 그가 들었던 음악 소리였다. 그는 다음과 같이 말한다.

"내가 천국에서 들은 소리의 신비함은 아무리 과장하여 표현한다 해도 모자랄 것이다. 그것은 내가 들었던 소리들 중 가장 아름답고 향기나는 소리였다. 그 소리는 그칠 줄 몰랐다. 마치 영원히 계속될 것만 같았다. 나는 이 소리들에 완전히 압도당하고 있었다. 온몸으로 그 소리를 듣고 있었다. 하지만 나는 단순히 그 음악 소리를 듣는 데만 그치지 않았다. 온전히 하나가 되었다. 그 소리는 내 온몸을 타고 흘렀다. 나는 그 소리들이 나를 포옹하는 듯한 느낌을 가지며 서 있었다. 찬양 소리는 끊임없이 울려 퍼졌다. 가장 놀라운 사실은 수천 가지의 찬양이 동시에 울려 퍼지고 있었다는 사실이다. 그리고 그것들은 하나같이 하나님을 찬양하는 소리였다."

그는 계속해서 다음과 같이 말한다. "만약 우리가 서로 다른 3개의 찬양 CD를 듣고 있다면 우리는 그 불협화음 때문에 짜증을 느낄 것이다. 하지만 천국에서 벌어진 상황은 그것과는 근본적으로 달랐다. 모든 소리들은 기가 막힌 조화를 이루고 있었고 각각의 목소리들과 악기소리들은 다른 소리들을 더 아름답게 만들어 주었다. 정말 신기한 것은 내가 각각의 노래들을 정확히 구분하여 들을 수 있었다는 것이다."

- 돈 파이프 著 『천국에서 90분』(그루터기 하우스)에서 발췌

 예수 그리스도는 진정 구세주인가?

Jesus built us a bridge, with 2 boards and 3 nails.
예수께서는 나무 막대기 두 개와 못 세 개로 하나님께로 가는 다리를 만드셨다.

I. 예수 그리스도의 위대성

예수 그리스도를 통하여 인류의 역사는 기원전과 기원후 즉 _____ (Before Christ)와 _____ (Anno Domini: in the year of our Lord)로 나누어졌다.

"그리스도의 모든 것이 나를 놀라게 한다. 그의 정신적 능력에 나는 전율하고, 그의 의지력에 나는 당황한다. 세상의 그 어떤 사람도 그리스도에 견줄 수 없다. 그는 진정 독보적인 존재다. 예수 그리스도와 유사한 인물을 찾기 위해, 혹은 복음에 필적할 만한 어떤 것을 찾기 위해 역사를 뒤진다면 헛수고에 불과할 뿐이다. 역사도 인류도 시대도 자연도 내게 그 사실을 설명하거나 비교할 만한 근거를 제공하지 못한다. 모든 것이 _____ 할 따름이다."
(   )

"예수는 이 지상에 살았던 사람들 가운데 최고의 종교적 천재이다. 그의 아름다움은 영원하고, 그의 영토는 끝이 없다. 예수는 모든 면에 있어서 유일하신 분이다. 어떤 사람도 어떤 것도 그와 비견될 수 없다. 그리스도가 없이는 모든 _____는 이해가 불가능하다." _ 어니스트 르낭

'_____' (History)는 바로 '그분의 _____' (His story)
"현대 역사를 공부해 보니 오늘날 세계에는 도덕적인 행동을 가늠하는 중심축(Moral Pivot)이 있음을 알게 되었습니다. 동서양을 막론하고 최상의 도덕적 삶은 그 축을 중심으로 돌고 있습니다. 그 축은 바로 ___ 그리스도입니다."
예수라는 말은 _____ 라는 뜻이고 그리스도란 말의 의미는 '기름부음을 받았다.' 는 뜻으로 _____ 라는 말을 헬라어로 옮긴 것이다.

II. 예수 그리스도의 실재성

"27권의 신약성경을 기록한 이 역사가들은 독특한 의미에서 우리가 믿을 만하다. 어떤 의미에서 그들은 역사상의 다른 역사가들과는 달리 준엄한 _____ 심문을 거쳤다. 그들은 검, 횃불, 채찍, 뜨거운 인두, 잔혹한 십자가 등으로 반대 심문을 받았다. 그들은 다른 어떤 역사가들에게서도 유래를 찾아볼 수 없는, 전무후무한 고문을 당했다. 그들의 증언은 시험대를 통과했다. 이 사람들은 그런 신빙성의 시험을 거치지 않은 그 어떤 역사가보다도 더욱 우리의 신뢰를 받을 만하다." _ 제임스 케네디 목사

"복음서 기자들은 기록을 하는 데 있어서 그들과 친한 목격자들만 염두에 둔 것은 아니었다. 예수의 사역과 죽음에 대하여 잘 알고 있는 자들 가운데도 예수에 대해서 호의적이지 않았던 사람들이 매우 많이 있었다. 그러므로 제자들이 예수에 대하여 기록할 때에 부정확한 사실을 기록할 수 없었다. 그들을 반대하는 많은 사람들이 눈을 부릅뜨고 있었기 때문이다. 예수에 대한 기록에서 부정확한 사실을 발견하게 되면 반대자들이 당장 거짓이라고

고발할 경우에 그들이 전하는 진리는 그냥 무너지고 말 것이다. 그래서 그들은 더더욱 ＿＿＿＿하게 기록할 수밖에 없었다." _ F. F. 브루스

예수 그리스도에 대해서는 성경 외적인 기록도 남아 있다. 로마 시대의 사마리아인 역사가였던 탈루스(Thallus)는 주후 52년경에 예수님의 ＿＿＿＿ 처형에 관해 글을 남기면서 당시 예수님이 죽으실 때 ＿＿가 어두워지고 어둠이 닥쳤다고 기록을 남겼다.

수리아의 마라 바 세라피온(Mara bar Serapion)이라는 사람도 1세기에 남긴 서신에서 예수 그리스도를 죽임으로 ＿＿＿＿들이 얻은 유익이 무엇이냐고 반문하고 있다. 유대인의 왕이었던 그를 죽임으로 예루살렘이 멸망하고 백성들이 뿔뿔이 흩어진 것 외에 무슨 도움이 되었느냐고 주장한다. 여기서 그가 한 주장들은 의미심장하다. 그는 예수 그리스도를 ＿＿＿ 인물로 인정했을 뿐만 아니라 그가 죽임을 당한 사건을 ＿＿＿로 묘사하고 있는 것이다.

"이 시기 즈음에 예수가 살았다. 그는 놀라운 일들을 행한 지혜로운 사람이었고(그를 사람이라고 칭하는 것이 적절하다면), 기쁨으로 진리를 받아들인 사람들의 스승이었다. 그는 그리스도였다. 원칙론자들의 말에 따라 빌라도가 그를 십자가형에 처했을 때 처음에 그를 사랑하던 사람들은 그를 버리지 않았다. 사흘째 되던 날 다시 살아나 그들 앞에 나타났기 때문이다. 거룩한 선지자들은 이 일을 비롯하여 그에 관한 많은 놀라운 일들을 예언한 바 있다. 그의 이름을 따라 ＿＿＿＿＿＿＿인이라 불리운 이 무리들은 오늘날까지도 소멸되지 않고 있다." _ 폴라비우스 요세푸스

"복음서에 나와 있는 예수는 비역사적이라고 말해 봐야 아무 소용없다. 그의 제자들 중에 누가, 혹은 개종자들 중에 누가 예수가 행한 것으로 되어 있는 그 말씀들을 만들어 낼 능력이 있겠으며, 복음서에 나와 있는 그분의 삶과 성품을 ＿＿＿해 낼 능력이 있겠는가? 분명히 갈릴리의 어부들은 아닐 것이다. 초기의 그리스도인 작가들은 더더욱 아닐 것이다." _ 존 스튜어트 밀

"뉴턴 같은 사람을 만들어 내기 위해서는 뉴턴 같은 사람이 필요하다. 어떤 사람이 예수 같은 사람을 꾸며낼 수 있겠는가? _____ 같은 사람 이외에는 없다." _ 데오도르 파커

III. 예수 그리스도의 독특성

"태초에 말씀이 계시니라 이 말씀이 하나님과 함께 계셨으니 이 말씀은 곧 하나님이시니라"(요 1:1).
"말씀이 육신이 되어 우리 가운데 거하시매 우리가 그의 영광을 보니 아버지의 독생자의 영광이요 은혜와 진리가 충만하더라"(요 1:14).
"우리에게 있는 대제사장은 우리의 연약함을 동정하지 못하실 이가 아니요 모든 일에 우리와 똑같이 시험을 받으신 이로되 죄는 없으시니라"(히 4:15).
"그리스도께서 우리를 위하여 저주를 받은 바 되사 율법의 저주에서 우리를 속량하셨으니 기록된 바 나무에 달린 자마다 저주 아래에 있는 자라 하였음이라"(갈 3:13).

1. 그의 _____이 독특하였다

그는 이 세상에서 유일하게 남자를 거치지 아니하고 _____인 마리아의 몸에 성령으로 잉태되어 태어나셨다.
또한 그의 탄생과 그의 전 일생은 철저히 성경의 ___을 그대로 이루는 것이었다.

2. 그의 _____이 독특하였다

지금도 기독교를 싫어하는 사람은 많아도 ___를 싫어하는 사람은 없다.

그의 가르침은 단순하면서도 깊이가 있었으며, _____(authority)가 있었다.
"율법(구약)에서는 이렇게 하라고 했으나 나는 너희에게 이르노니…"

· 어떤 위대한 정치가나 사업가라도, 또 어떤 흉악하고 극악무도한 죄인이라도 그와 인격적으로 깊이 만난 사람은 변화되지 아니한 사람이 없었다.
· 예일 대학교의 역사가 필립 샤프(Philip Schaff): "그리스도의 _____은 나에게 모든 사실들 중에서 가장 위대하고 가장 분명한 사실이다. 내가 이렇게 존재하고 있는 것만큼 확실하다. 아니, 나는 내가 이렇게 존재하고 있는 것보다 그리스도의 존재를 더 확신한다."

3. 그의 _____ 이 독특하였다

예수 그리스도는 신적 권위를 가지고 하나님처럼 말씀하시고, 하나님처럼 행하셨다.

"나는 세상의 빛이니"(요 8:12)
"수고하고 무거운 짐 진 자들아 다 내게로 오라"(마 11:28).
"내 이름으로 무엇을 구하든지 내가 행하리니"(요 14:13)
"나는 포도나무요 너희는 가지라"(요 15:5).
"나는 선한 목자라"(요 10:11).
"나는 부활이요 생명이니"(요 11:25)
"네 죄 사함을 받았느니라"(눅 7:48).

"이 세상에서는 누구도 죄를 용서할 권리나 권위를 갖지 못한다. 하나님을 향해서 짓는 죄를 자기 마음대로 용서할 수 없다. 그리스도가 죄를 용서한 것은 인간의 특권에 속한 것이 아니다. 죄 용서는 누구의 특권에 속하지 않는다. 하나님만이 죄 용서의 특권이 있을 뿐이다. 따라서 그리스도가 죄를 용서하신다는 것은 그분이 곧 하나님이시라는 말이다." _차퍼

1) 소크라테스 : "나는 무지를 안다. 즉 모른다는 사실을 안다."
2) 마호메트 : "나는 죄를 씻기 위해 무릎이 닳도록 기도했다."
3) 공 자 : "아침에 도를 깨달으면 저녁에 죽어도 한이 없겠다."
4) 석 가 : "너의 구원을 너희가 힘써 성취하라."

5) 간 디 : "오, 나는 괴롭다. 무엇을 어떻게 말할지 모르겠다."
　　　　　(그가 죽기 2주 전 자서전에 기록한 글)
6) 괴 테 : "빛이 그립다. 문을 열어다오." (임종 시에 한 말)
7) 처 칠 : "지루하다, 권태롭다."

"내가 곧 길이요 진리요 생명이니 나로 말미암지 않고는 아버지께로 올 자가 없느니라"(요 14:6). 여기서 길이 무엇인가? 길은 한자로 길을 뜻하는 '＿'(道)자로서 공자가 깨닫고자 한 도를 가리킨다. 길이란 ＿＿＿＿＿인들이 사물의 근원을 찾는 방법이다. 진리는 ＿＿＿＿＿자들의 입장에서 사물의 근원을 찾는 것이다. 생명은 ＿＿＿＿＿자의 입장에서 사물의 근원을 찾는 것이다.

4. 그의 ＿＿＿＿＿이 독특하였다

그의 삶은 기적으로 가득 차 있다.
"예수께서 대답하여 이르시되 너희가 가서 듣고 보는 것을 요한에게 알리되 맹인이 보며 못 걷는 사람이 걸으며 나병환자가 깨끗함을 받으며 못 듣는 자가 들으며 죽은 자가 살아나며 가난한 자에게 복음이 전파된다 하라 누구든지 나로 말미암아 실족하지 아니하는 자는 복이 있도다"(마 11:4-6).

CCC '예수' 영화를 통해 인도네시아 노비(Novi)라는 소녀에게 일어난 기적

5. 그의 ＿＿＿＿＿이 독특하였다

"인자가 온 것은 섬김을 받으려 함이 아니라 도리어 섬기려 하고 자기 목숨을 많은 사람의 대속물로 주려 함이니라"(막 10:45).

IV. 무시할 수 없는 예수의 주장

"단지 인간일 뿐이면서 예수가 말했던 것 같은 그런 종류의 말을 하는 사람

은 윤리적으로 위대한 스승이 될 수가 없다. 그는 스스로를 찐 달걀이라고 말하는 사람과 같은 수준의 미치광이거나 아니면 지옥의 악마일 것이다. 여러분은 ___을 해야 한다. 그는 하나님의 아들이었고 현재도 아들이다. 아니면 그는 미친 사람이거나 혹은 더 나쁜 어떤 것이었다. 여러분은 그를 바보 취급할 수도 있고 아니면 그를 마귀로 몰아 그에게 침을 뱉고 죽일 수도 있다. 혹은 그의 발 아래 엎드려 그를 주 하나님이라고 부를 수도 있다. 그러나 그분은 위대한 인간의 ___라고 말하는 건방지고 허튼 소리는 하지 말아야 한다. 그분은 우리가 그런 말을 하도록 버려두지 아니하셨으며 그런 의도를 지니신 적도 없다." _ C. S. 루이스

한 가지 확실한 것은 예수님은 우리가 그를 하나의 _____적인 스승으로 대하기를 원하지 않는다는 사실이다. 우리는 그분을 사기꾼이나 정신병자로 대하든지 아니면 그분을 하나님으로 인정하고 경배하든지 둘 중의 하나를 선택해야 한다. 예수님은 어중간한 선택을 허락하지 아니하셨다.

1. 죄를 사하시는 분 (마 9:1-8)
2. 세상을 심판하시는 분 (요 5:25, 29)
3. 영생을 주시는 분 (요 3:16)
4. 죄 없으신 분 (요 8:46)
5. 믿음의 대상이 되시는 분 (요 8:24)
6. 기도에 응답하시는 분 (요 14:13)
7. 경배 받으시기에 합당하신 분 (마 14:3
8. 길이요 진리요 생명이신 분 (요 14:6)
9. 모든 권세를 가지신 분 (마 28:18)
10. 하나님과 본질상 하나이신 분 (요 10:

1. 예수는 자신이 하나님이라고 선언했으나 본인은 사실 그렇지 않다는 것을 알고 있었다. ▷ 그렇다면 그는 _____이었다 (Bad).

2. 예수는 자신을 하나님이라고 생각했지만 사실은 그것은 그의 착각이었다. ▷ 그렇다면 그는 _____요 과대_____ 환자였다 (Mad).

3. 예수는 정말로 하나님이었기 때문에 자신을 하나님이라고 선언했다.
   ▷ 그렇다면 그는 _____이시다 (God).

1. 그는 사기꾼인가?

만일 예수께서 자신이 하나님이 아니라는 사실을 알고도 하나님이라고 주장했다면 그는 분명 사기꾼이다. 남에게는 세상의 빛처럼, 소금처럼 어떠한 희생을 치르더라도 정직하게 살라고 가르치면서 자기는 정작 남을 _____하고 있다면 그는 분명 _____ 중의 위선자일 것이다. 그렇다면 지금까지 전 인류는 그의 사기에 현혹되어 있다는 말인데 그것은 말이 안 되는 일이다. 다음은 영국의 탁월한 역사학자인 윌리엄 렉키(William Lecky)가 말한 내용이다.

"기독교가 이 세계에서 이상적인 _____의 모습을 선사한 것은 분명하게 알 수 있는 일이다. 이런 인격의 모습은 18세기가 흐르는 동안 모든 것들이 변화를 거듭하는 가운데서도 지극한 사랑을 받으면서 사람들의 마음을 감동시켜 왔다. 이런 인격은 모든 시대와 모든 국가와 환경, 그리고 어떤 상황에서도 실천이 가능한 인격이다. 기독교는 최고의 인격이 지니는 덕목만이 아니라 그 덕목을 실천하는 강한 동기를 부여했다. 예수의 단 3년간의 생애는 인류를 새롭게 하고 사람들의 마음을 부드럽게 함에 있어서 전 인류의 도덕가들의 노력과 전 인류의 철학가들의 탐구를 다 합한 것보다 더 큰 것을 성취했다. 예수가 종교 사기꾼이라면, 인류의 거룩한 것은 모두 _____ 사건이라는 결론이 타당할 것이다."

"논리와 상식과 경험을 토대로 해도, 도대체 어떻게 그런 사기꾼이 처음부터 마지막까지 그토록 _____ 있는 인물을 자신이 스스로 만들어낼 수 있는가? 그는 역사에서 가장 맑고 고귀한 인격을 지니고 있으며 또한 진리와 현실에서도 온전한 인물이었다. 그가 사기꾼이라면 자신을 이렇게까지는 꾸며낼 수 없는 노릇이다. 이기적이고 속임수에 능하고 타락한 인물인 그런 사기꾼은 예수라는 인격을 창안해 낼 수 없다." _ 필립 샤프 우리가 알다시피 지금까지의 서양 문화와 문명은 예수 그리스도가 말과 행동으로 전했던 가르침을 도덕적인 근간으로 삼아서 발전해 왔다. 그러므로 만약 예수 그리스도가 ____이었다면 그의 가르침에 근거하여 이같이 찬란한 인류의 문명을 꽃피울 수 있었다는 것은 애초에 불가능한 일이었을 것이다.

2. 그는 미친 사람인가?

그가 자신이 정말 하나님의 아들이 아닌데도 그 사실을 모르고 자신을 하나님의 아들로 착각했다면 그는 미친 사람이요 과대망상증 환자이다. 그런데 그가 만약 ____ 병자였다면 어떻게 지난 2000년 동안 성자로 존경받을 수 있었으며 또 술주정뱅이를 온전케 하고 깨어진 가정을 회복시키며 절망에 빠져 죽어 가는 사람에게 새 소망을 줄 수 있었겠는가?

"예수의 ___적인 순수함과 위엄은 그의 일상적인 말과 행위에서도 드러나고 있으며, 인류의 보편적인 승인을 얻고 있다. 그분 앞에서 위선자들은 한 순간도 서 있을 수 없다. 예수의 지성은 너무 맑고 정당하기 때문에, 예수 자신에 대한 주장에서 자기기만이란 있을 수 없는 것이다. 그는 마음의 평형을 잃어본 적이 없다. 그는 모든 핍박과 아픔을 넘어서는 구름 위에서 찬란하게 빛나는 태양과 같다. 그는 적들이 제기하는 시험 앞에서도 언제나 현명한 대답을 주셨다. 그는 신중하게 그에게 부여된 십자가를 지셨고, 사흘 만에 부활하셨다. 그리고 성령의 강림과 교회의 시작, 예루살렘의 멸망을 예고하시고, 이 예언은 문자 그대로 이루어졌는데, 도대체 어떻게 예수가 광기 어린 ____ 자일 수가 있으며, 광신자가 될 수 있겠는가?"

_ 필립 샤프

예수 그리스도의 말과 삶과 행동에는 ___일치가 전혀 없었고 미친 사람에게서 볼 수 있는 심리적 불안정성은 전혀 나타나지 않았다. 오히려 예수 그리스도는 엄청난 압력과 스트레스를 받는 상황에서도 놀라울 정도의 ___성을 유지했다. 그는 십자가 앞에서도 태연했고 빌라도의 법정에서도 완전한 평강을 유지했다. 그런 그가 어떻게 미친 사람일 수가 있는가?

3. 그는 정말 하나님인가?

"목수의 집에서 자라나, 고대의 지혜에 대한 접촉도 없었고, 다른 나라에서 온 현자들과의 만남도 없었던 단지 ____ 세의 젊은이가 지금까지 전 세계가 한번도 경험하지 못한 도덕의 규범을 제시할 수 있었다는 사실은 놀라운 이야기이다." _ 윌리엄 J. 브라이언

예수 그리스도는 오로지 ____만이 할 수 있는 주장과 행동을 하셨다. 그는 부활 후 자신을 경배하는 도마에게 경배를 받으셨다.

"너는 나를 본 고로 믿느냐 보지 못하고 믿는 자들은 복되도다"(요 20:29).

"예수께서 이르시되 내가 그러하다 인자가 권능자의 우편에 앉은 것과 하늘 구름을 타고 오는 것을 너희가 보리라 하시니 대제사장이 자기 옷을 찢으며 이르되 우리가 어찌 더 증인을 요구하리요 그 신성 모독하는 말을 너희가 들었도다 너희는 어떻게 생각하느냐 하니 그들이 다 예수를 사형에 해당한 자로 정죄하고"(막 14:62-64).

예수께서는 자신이 앞으로 하나님 ___에 앉게 될 것이며 ___을 타고 다시 올 것임을 이야기하신다. 이것은 오직 하나님만이 하실 수 있는 일이다.

"예수님은 항상 ____ 자신에 관하여 설교하셨다. 예수 그리스도는 다른 어떤 설교자나 다른 어떤 종교의 창시자도 하지 않은 일을 하셨다. 즉 그분은 자기의 종교를 ____ 위에 세우셨던 것이다. 그는 말하기를 '내가 곧 길이요 진리요 생명이니'(요 14:6)라고 말씀하셨다. 예수님은 계속적으로 자기 자신에 대하여 설교하셨다. 그가 그렇게 한 것은 교만의 극치요 극도의 신성모독이었다 — 만일 그가 하나님이 아니었다면 말이다. 그러나 그분은 하나님이셨기 때문에, 그분 자신에 대한 메시지보다 더 위대한 메시지는 있을 수 없었다." _ 제임스 케네디 목사

V. 예수 그리스도와 인간의 운명

"인간의 삶에서 우리 ____을 통째로 걸어야 하는 만남과 그런 사람이 있을 수 있을까? 예수는 그분 자신이야말로 우리의 운명을 걸어야 하는 분이라고 말씀하시며, 그분과의 만남이 바로 그렇다고 주장하신다. 인류사를 통틀어도 일찍이 자신을 그렇게 말한 사람은 없었다. 예수의 주장과 예수의 가르침은 그냥 지나치기에는 너무나 거대하며, 너무나 치밀하며, 너무나 매혹적이다. 우리가 어느 정도의 ____을 투자하면 우리는 누구라도 예수를 거부하기 힘들게 된다. 우리가 어떤 상황에 있건, 예수는 우리의 운명이 되어야 한다는 그분의 주장을 그냥 쉽게 지나칠 수 없다. 그와 함께 가느냐? 그를 버리고 가느냐? 이 물음은 우리의 ____을 결정한다." _ 조쉬 맥도웰

"우리는 역사적 기록들에 나와 있는 예수를 싫어할 수도 있다. 그러나 그를 싫어하든 아니하든, 우리는 거기서 우리 ____의 운명을 손에 쥐고 있는 ____적인 분으로 그를 만나게 된다." _ 존 W. 몽고메리

인류역사는 예수 그리스도의 ____을 기점으로 BC와 AD로 나누어졌다. 예수의 탄생이 인류의 ____를 둘로 나누었다면 예수의 죽음은 인류의 ____을 둘로 나누었다. 예수가 십자가에 못 박히실 때 두 강도가 있었다. 하나는 예수를 욕하고 무시했고 하나는 예수를 인정하고 받아들였다. 그 둘의 운명은 확연히 달라졌고 그들처럼 우리 인류의 ____도 예수 그리스도를 어떻게 대하느냐에 따라 둘로 나누어진다.

VI. 예수 그리스도를 영접하라

기독교는 religion(종교)이 아니고 relationship(관계)이다. 기독교는 ____행위가 아니고 하나님과의 ____이고 이 하나님과의 관계는 오로지 예수 그리스도를 통하여 이루어질 수 있다. 성경은 구원은 우리가 노력해서 얻는 것이 아니고 예수 그리스도를 통하여 받게 되는 ____이라고 이야기한다.

"너희는 그 은혜에 의하여 믿음으로 말미암아 구원을 받았으니 이것이 너희에게서 난 것이 아니요 하나님의 선물이라"(엡 2:8).

"볼지어다 내가 문 밖에 서서 두드리노니 누구든지 내 음성을 듣고 문을 열면 내가 그에게로 들어가 그와 더불어 먹고 그는 나와 더불어 먹으리라"(계 3:20).

"주 예수님, 저는 지금 주님을 믿고 싶습니다.
십자가에서 죽으심으로 저의 죄값을 담당하여 주시니 감사합니다.
지금 저는 제 마음의 문을 열고 예수님을
저의 구주, 저의 하나님으로 영접합니다.
저의 죄를 용서하시고
영생을 주심을 감사합니다.
저를 다스려 주시고,
저를 주님이 원하시는 사람으로
만들어 주시옵소서.
예수님의 이름으로 기도하옵나이다. 아멘"

"영접하는 자 곧 그 이름을 믿는 자들에게는 하나님의 자녀가 되는 권세를 주셨으니"(요 1:12).

"저희가 묻되 우리가 어떻게 하여야 하나님의 일을 하오리이까 예수께서 대답하여 가라사대 하나님의 보내신 자를 믿는 것이 하나님의 일이니라 하시니"(요 6:28-29).

"인생은 'B to D'라고 한다. B는 Birth(태어남)이고 D는 Death(죽음)이다. 즉 인생이란 태어나서 죽는 것이다. 그럼 B와 D 사이에는 무엇이 있을까? C가 있다. C는 바로 Choice(선택)이다. 인간은 일생 동안 수많은 선택을 하고 살아간다. 그러나 인간의 선택 가운데 가장 위대한 선택은 Christ(그리스도)이다. 우리는 죽기 전에 예수 그리스도를 인생의 주인으로 선택해야 한다."

믿음은 최고의 은혜이다._ 윌리엄 거널

놓칠 수 없는 기회

저는 몇 년 전 신문에서 참으로 흥미 있는 기사를 읽은 적이 있습니다. 그것은 미국의 인기 토크쇼 진행자인 오프라 윈프리가 방청객 276명 모두에게 새 차를 선물하는 깜짝쇼를 벌였다는 기사였습니다. '오프라 윈프리 쇼'는 미국에서만 3,000만 명이 시청하며 전 세계 109개국에서 방영되고 있는 인기 프로그램입니다. 윈프리가 자신의 쇼가 시즌 19회를 맞게 된 것을 자축하며 치른 이날 쇼의 주제는 'Your Wildest Dreams Have Come True.' 즉 '아무리 터무니없는 꿈이라도 이루어진다.'였습니다.

윈프리는 이 쇼에서 방청객 276명 중 11명을 무대 위로 불러내면서 그들에게 제너럴 모터스(GM)의 최신형 스포츠 세단인 폰티악 G6 열쇠 하나씩을 나눠 주었습니다. 이 차는 가격이 한 대당 2만 8천 달러(약 3천3백만 원)에 해당하는 고급차입니다. 11명에게 차 키를 나눠 준 후 윈프리는 나머지 방청객들에게 선물상자를 하나씩 나눠 주며 "상자 중 하나에 12번째 자동차 열쇠가 있다."고 말했습니다. 이 말을 들은 방청객들이 긴장하며 상자를 열었을 때 오프라 윈프리는 외쳤습니다. "Everybody get the car! (모든 사람들이 차를 가지게 되었어요!)" 놀랍게도 모든 상자에는 자동차 열쇠가 들어 있었습니다.

오프라 윈프리는 자신의 프로를 시청하는 사람들에게 '사랑하는 이들이 새 차를 받아야 하는 이유'를 적어 보내도록 한 뒤 적어 보낸 사람 중 276명을 선정해 이날 방청객으로 초대하였습니다. 행운의 주인공들은 정말 차가 필요하지만 돈이 없어서 차를 살 수 없는 사람들이었습니다. 자동차 276대의 가격을 합치면 우리나라 돈으로 무려 92억 원에 해당한다고 합니다.

저는 처음에는 오프라 윈프리가 부자이기 때문에 방청객들에게 차를 모두 사 준 것이라고 생각했습니다. 그러나 알고 보니 이번 깜짝쇼는 어려운 사람들에게 기쁨을 주고 싶다는 윈프리의 뜻을 받아 자동차 회사가 협찬을 해서 차를 선물해 줌으로써 이루어졌습니다. GM측은 차 가격으로 저녁 황금 시간대에 50차례 광고할 수 있는 비용이 들었지만 오프라 윈프리 쇼에 등장하는 것이 훨씬 광고 효과가 크다고 생각했습니다. 제너럴 모터스 관계자는 "선물 받은 모든 이들에게 풀 옵션의 차량은 물론 각종 차량 세금까지 지급해줄 것"이라고 밝혔습니다.

저는 이 기사를 보면서 한 가지 재미있는 생각을 해 보았습니다. 만약 그날 오프라 윈프리 쇼에 초청을 받고도 사정이 있어 그 자리에 나가지 않은 사람이 혹시 있었다면 이 깜짝쇼의 이야기를 듣고 난 뒤 그 사람의 기분은 어떠했을까 하는 것입니다. 아마 땅을 치고 후회를 했을 것입니다.

성경은 하나님께서 우리에게 3천만 원짜리 자동차와 비교할 수 없는 너무나 귀중한 구원을 선물로 주시고자 한다고 말씀하고 있습니다(엡 2:8). 이 선물의 가치는 너무나 귀중하여 도저히 돈으로 따질 수가 없습니다. 그런데도 만약 우리가 하나님께서 주시는 이 귀한 구원의 선물을 거절한다면 나중에 얼마나 후회를 하겠습니까?

나에게 있어서 가장 놀라운 일들 중의 하나는 인간들이 하나님의 사랑을 거부한다는 사실이다. 만약에 사람들이 하나님께서 값없이 주시는 그 선물의 가치를 이해한다면 그 누구도 제 정신으로는 그것을 거부할 수 없을 것이다. _ **피터 와그너 교수**

예수 그리스도의 부활은 사실인가?

> 예수의 부활이 없다면 이 세상에는 다른 희망이 전혀 없다.
> _ 콘라드 아데나워(Konrad Adenauer) 전 서독 수상

I. 부활은 진실인가?

- 동서양의 _____ 문화의 차이가 어디에서 왔는가?
- 기독교적 부활 신앙이 죽음에 반영된 가장 극단적인 예가 바로 ___에 있는 카타콤이다.
- 기독교는 예수 그리스도의 ___에 기초하여 세워진 종교이다.

II. 예수 그리스도의 부활에 대한 반박설

예수 그리스도의 부활을 반박하는 주장은 크게 다섯 가지로 나누어 볼 수 있다.

1. _____ 오인설

제자들과 여인들이 예수님의 무덤이 아닌 ___ 무덤을 잘못 찾아가 빈 무덤을 발견하고 예수님이 부활하셨다고 외쳤다는 주장이다. 그러나 예수님의 무덤은 공동묘지가 아닌 아리마대 요셉의 ___ 무덤으로서 그 근처에 다른 무덤이 없었고 또한 여인들이 예수님의 무덤 위치를 미리 확인해 두었을 뿐만

아니라(눅 23:55) 여인들이 찾아갔을 때는 이미 _____가 떠 있었다(막 16:2).

2. _____설
이 주장은 예수님이 십자가에서 돌아가신 것이 아니라 잠시 __했을 뿐이며 기절한 상태에서 무덤에 누워 있다가 밤중에 서늘한 바람이 불어오니까 의식을 회복하여 혼자 돌문을 열고 나왔다는 주장이다. 그러나 성경은 예수님의 죽음이 분명한 사실임을 기록하고 있다. 로마 군인들이 예수님의 옆구리를 창으로 찔렀을 때 물과 ____가 나왔고(요 19:34) 예수님 시체의 다리를 꺾으려 했으나 이미 죽어 있었기 때문에 꺾지 않았다고 이야기하고 있다.

"반쯤 죽은 상태로 고통 가운데서 무덤에서 기어나온 사람이, 허약해지고 연약한 상태로 의학적인 치료를 받아야 하고 기운을 복돋아 주어야 하며 붕대를 감아 주고 세심하게 돌보아 주어야 할 그런 상태에 있는 사람이 자신이 죽음을 정복한 ____의 주관자라는 그러한 이미지를 제자들에게 심어 줄 수 있었겠는가? 그것은 불가능한 일이다." _ 데이비드 슈트라우스

3. _____설
이것은 예수님의 제자들이 예수님의 시체를 고의로 훔쳐다가 감추고 예수님이 부활하셨다는 증거를 __해서 만들어 내었다는 주장이다. 그러나 이러한 주장도 신빙성이 없다. 상식적으로 생각하여도 그들이 그렇게 할 이유가 없다. 그리고 우리가 부활이 조작되었다고 볼 수 없는 또 하나의 중요한 이유가 있다. 성경에 따르면 예수의 부활을 처음 목격한 사람들은 _____들이었다(마 28:1). 제자들이 부활을 조작한 것이라면 절대로 여성들을 부활을 처음 목격한 사람으로 기록하지 않았을 것이다. 왜냐하면 당시 여성들은 법정에서 ____으로서의 자격을 부여받지 못했기 때문이다.

4. _____설
이것은 예수님의 제자들이 심신이 극히 피곤한 가운데서 예수님의 죽음을 부인하고자 하는 강한 ____적 반발의 작용으로 예수님의 환상을 보았다는 주장이다. 그러나 이것도 일반적인 상식으로는 맞지 않는다. 환상은 주로

특정한 장소에서 특정한 몇몇 사람들에게 잠깐 동안 나타날 수 있으나 예수님의 부활의 경우처럼 많을 때는 _____명이 넘는(고전 15:6) 수많은 사람들이 수많은 다른 장소에서 이와 같은 환상을 체험한다는 것은 의학적으로 있을 수 없는 일인 것이다. 예수님의 부활에 관한 목격이 하루 이틀이 아닌 _____일 동안 계속해서 일어났다.

5. _____설
이것은 유대인들이나 ___ 당국이 고의로 예수님의 시체를 훔쳐다가 감추었다는 주장이다. 그러나 이것은 더더욱 신빙성이 없는 이야기이다. 왜냐하면 로마당국이나 유대인들은 예수님의 제자들이 예수 그리스도가 부활하셨다고 전파하고 다니는 바람에 골머리를 앓았기 때문이다. 그런 그들이 일부러 예수님의 시체를 가져갔을 리는 없는 것이다.

"당시에 많은 사람들은 예수의 빈 무덤에 관하여 매우 많은 관심을 두고 있었다. 그러므로 예수의 빈 무덤이 만약 거짓이었다면, 예수의 부활은 단 하루도, 아니 단 몇 시간도 예루살렘 사람들 사이에서 _____의 대상이 될 수 없었다." _ 폴 알트하우스 교수

III. 부활의 증거

"증거가 있음에도 불구하고 부활이 일어나지 않았다고 믿는 것은 부활이 일어났다고 믿는 것보다 더 큰 _____을 필요로 한다." _ 리차드 리스

1. _____들의 변화

1. 베드로	십자가형	7. 시몬	십자가형
2. 안드레	십자가형	8. 다대오	활에 맞아 처형됨
3. 마태	참수형	9. 예수의 동생 야고보	돌에 맞아 죽음
4. 요한	자연사	10. 도마	활에 맞아 처형됨
5. 알패오의 아들 야고보	십자가형	11. 바돌로매	십자가형
6. 빌립	십자가형	12. 세베대의 아들 야고보	목 베어 죽임 당함

"그들은 어떻게 하룻밤 사이에 그런 불굴의 ___를 얻게 되어 핍박과 냉소와 경멸, 조롱, 투옥, 그리고 죽음을 무릅쓰고 세 대륙의 가는 곳마다 어디서든지 예수와 그의 부활을 그렇게 전할 수 있었는가?" _ 마이클 그린

"사람들은 실제로는 거짓일지라도 그것이 사실이라고 믿는다면 그것을 위해 죽을 수 있다. 그러나 그것이 거짓이라는 것을 알면서도 그 거짓을 위해 ___을 버릴 사람은 없다." _ 폴 리틀

2. ___의 기원
부활을 증명하는 또 하나의 증거는 ___의 기원이다. 초대 교회 교인들은 대부분 유대인이었는데 유일신 사상을 생명처럼 귀중하게 여기는 그들이 어떻게 예수 그리스도를 하나님으로 받아들이게 되었는가? 또 안식일이 ___에서 주일로 바뀌게 된 것은 어떻게 설명할 수 있을 것인가?

"부활 사건 이외에 ___의 기원을 적절하게 설명해 줄 수 있는 것이 없다"
_ C. F. D. 모올 교수

"나는 예수의 부활을 믿는다. 왜냐하면 예수의 부활이 없으면 그 후에 발생한 여러 ___들을 도저히 설명할 수 없기 때문이다." _ A. M. 렘지 박사

· 미국 닉슨 대통령의 법률담당 특별보좌관이었던 찰스 콜슨(Charles Colson)의 증언

진실은 미사여구를 필요로 하지 않는다. 진실은 진실 그 자체로 변함없이 존재하는 법이다. 부활이 ___이었음으로 제자들은 그 진실을 위하여 목숨을 걸 수 있었다.

3. ___들의 변화
지금도 부활하신 예수 그리스도를 믿고 삶이 변화된 수많은 사람들을 보면 예수님의 부활을 확신할 수 있다.

- 인도인으로서 힌두교에서 개종하여 위대한 선교사가 된 썬다 싱이 영국을 방문했을 때 어떤 대학교수가 질문을 던졌다.
- 예수 그리스도를 믿는 사람들을 핍박하고 돌로 쳐 죽이는 데 가담했던 ____이 예수 그리스도의 부활을 전파하는 가장 위대한 사도가 된 것을 무엇으로 설명할 수 있는가?

IV. 부활을 확신한 사람들

"예수 그리스도의 주장, 즉 그의 부활은 그 ____를 조사하면 할수록 반박의 여지없이 그것이 사실임을 나로 하여금 믿게 만든다."
_ 영국의 수석 재판관 칼디코트 경

"나는 ____란 무엇인지 잘 알고 있다. 그리고 분명히 말하지만, 부활에 관한 증거 같은 그런 증거는 절대로 무효화된 적이 없다." _ 린드 허스크 경

"진실로 이 모든 증거들을 종합해 볼 때 예수 그리스도의 부활 사건 이상으로 폭넓은 지지를 받는 역사적 ____은 없다고 이야기할 수 있다."
_ 캠브리지 교수 캐논 웨스트 코트

- 영국의 변호사이자 저널리스트 프랭크 모리슨의 「Who Moved the Stone?」(누가 돌을 옮겼는가?)라는 제목의 책
- 루 웰리스(Lew Wallace)와 그가 쓴 ____라는 소설.

"기독교는 사실상 세상에서 유일하게 입증 가능하고 ____적인 증거를 가지고 있는 종교이다. 이 증거는 지극히 강력하고 압도적이다. 그러므로 정직하게 열린 마음으로 이것을 검증하는 사람이라면 이 증거를 받아들이는 것 말고 다른 도리가 없을 것이다". _ 사이먼 그린리프

V. 부활이 주는 메시지

1. 그분은 ____이시다
"나무에 달린 자는 하나님께 저주를 받았음이니라"(신 21:23).

"그의 아들에 관하여 말하면 육신으로는 다윗의 혈통에서 나셨고 성결의 영으로는 죽은 자들 가운데서 부활하사 능력으로 하나님의 아들로 선포되셨으니 곧 우리 주 예수 그리스도시니라"(롬 1:3-4).

"예수님의 제자들이 복음으로 세상을 점령하러 출발할 때 그들이 가지고 나간 강력한 무기는 단순히 영원의 법칙을 이해하고 있다는 것이 아니었다. 그 무기는 실제로 일어난 사건에 근거한 _____ 메시지였다. 그 메시지는 '그가 ____하셨다.' 는 것이었다." _ 매이천

"만일 하나님이 계시고 그분의 권위가 복음서라는 초대장에 들어가 있음을 인간이 알기를 원하셨다면, 하나님께서는 _____를 다시 살리신 것보다 더 적절한 일을 하지는 못하셨을 것이다." _ 클락 피녹

"이 때로부터 예수 그리스도께서 자기가 예루살렘에 올라가 장로들과 대제사장들과 서기관들에게 많은 고난을 받고 죽임을 당하고 제삼일에 살아나야 할 것을 제자들에게 비로소 나타내시니"(마 16:21).

2. ___이 정복되었다

"예수께서 이르시되 나는 부활이요 생명이니
나를 믿는 자는 죽어도 살겠고
무릇 살아서 나를 믿는 자는
영원히 죽지 아니하리니"(요 11:25-26).

"선악을 알게 하는 나무의 열매는 먹지 말라 네가 먹는 날에는 반드시 죽으리라"(창 2:17).

3. 우리의 ___이 보장되었다

"예수께서 다시 크게 소리 지르시고 영혼이 떠나시니라 이에 성소 휘장이 위로부터 아래까지 찢어져 둘이 되고 땅이 진동하며 바위가 터지고 무덤들이 열리며 자던 성도의 몸이 많이 일어나되 예수의 부활 후에 그들이 무덤에서 나와서 거룩한

성에 들어가 많은 사람에게 보이니라"(마 27:50-53)..

"우리는 아침에 _____에서 일어나는 것보다, 부활 때에 무덤에서 일어나는 것을 더 분명하게 확신해야 한다." _ 토마스 왓슨

"그러나 이제 그리스도께서 죽은 자 가운데서 다시 살아나사 잠자는 자들의 첫 열매가 되셨도다"(고전 15:20).
"사망아 너의 승리가 어디 있느냐 사망아 네가 쏘는 것이 어디 있느냐"(고전 15:55).

"예수는 죽음에서 일어난 최초의 사람이 아니라, 일어난 후 결코 다시 _____ 않는 최초의 사람이었다." _ 워런 워어스비

"두려워하지 말라 나는 처음이요 마지막이니 곧 살아 있는 자라 내가 전에 죽었었노라 볼지어다 이제 세세토록 살아 있어 사망과 음부의 열쇠를 가졌노니"(계 1:17-18).

VI. 우리의 선택

예수 그리스도의 부활의 _____은 너무나 분명해서 지금까지 역사상 그 어느 누구도 예수님의 부활의 진실성을 부정하지 못했다.
예수 그리스도의 _____ 사건을 어떻게 대할 것인가?

"나는 부활이요 생명이니 나를 믿는 자는 죽어도 살겠고 무릇 살아서 나를 믿는 자는 영원히 죽지 아니하리니 이것을 네가 믿느냐"(요 11:25-26).

모든 인간의 본성 속에는 죽음에 대한 공포가 공통적으로 잠재되어 있다.
그러나 신앙은 그 공포를 제거해 버린다. _ **바바소 포웰**

그 환한 부활의 새벽

윤복희씨는 독실한 기독교인이자 국내 최정상의 뮤지컬 가수이다. 그녀는 86년도 '피터팬' 공연을 하다가 무대 위의 삼층 높이로 쌓아 놓은 배 갑판이 갑자기 무너지는 바람에 큰 부상을 당하게 되었다. 나중에 엑스레이로 진단해 본 결과 그녀의 척추를 지탱해 주는 여러 매듭의 뼈들 중에 목 근처 뼈의 5번, 6번, 7번이 내려앉았다는 것과 견디다 못한 6번 척추가 아주 안쪽으로 굽어 들어가 뾰족한 끝이 오른쪽 신경을 꽉 누르고 있는 것을 알게 되었다.

의사는 그녀의 몸이 너무나 망가졌기에 이제 전신마비가 올 것이지만 수술도 할 수 없는 상태라고 이야기했다. 척추 뼈가 이미 신경 조직을 누르고 있는 상태여서 수술을 하면 신경이 견딜 수 없다고 이야기했다. 이 상태로 수술하면 죽느냐 전신마비냐 두 가지 선택밖에 없다는 것이 의사의 진단이었다.

그리고 얼마 후 부활 주일이 다가왔다. 그녀는 죽을 듯한 고통과 절망감에 사로잡혀 하나님께 간절히 기도했다. 낫고자 하는 기도가 아니었다. 차라리 지금 자신을 데려가 달라고 하는 절규에 가까운 기도였다. 그런데 그 기도 가운데 그녀는 놀라운 기적을 체험했다. 당시 일어난 사건은 윤복희씨의 이야기를 직접 듣는 것이 좋을 것이다.

"나의 기도는 절규에 가까웠습니다. 나는 통곡했습니다. 울부짖었습니다. 갑자기 눈이 딱 떠지고 앞이 환했습니다. 기도를 하다가 너무 아파서 기절을 한 채 까무라쳐 있었던 것입니다. 아직도 캄캄한 새벽이었는데 대낮보다 더 환한 빛을 경험했습니다. 목이 너무나 탔습니다. 나는 일어나 식탁 위에 있는 주전자를 들어 컵에다 물을 따랐습니다. 갑자기 온몸에 짜릿짜릿 강한 전기가 일었습니다. 견딜 수 없이 뜨거웠습니다. '아! 아니, 내가…'

오른쪽이 간지러워지고 온몸이 가벼워지며 얼음 같았던 몸이 따뜻한 열을 받아 신경이 막 살아나는 것을 느꼈습니다. 수년 동안 그렇게 고통 속에 괴로워하던 내 몸짓은 어디론가 사라지고 아무렇지도 않게 일어나 식탁으로 걸어간 것입니다. 나는 베란다로 나가서 응접실로 막 뛰어 보았습니다. 그리고 크게 외쳤습니다. "주님! 주님!" 그 환희는 이루 말할 수 없었습니다. 그 날은 부활 주일이었습니다. 그 후로 나는 무대에만 서면 뛰면서 노래했고, 기도하면서 연기와 안무까지 하게 되었으니 정말 놀라운 일이 아닙니까?"

1999년 낮은 울타리 4월호에서 발췌

예수 그리스도는 유일한 구원자인가?

The cross is God's compass pointing to heaven.
십자가는 하늘을 가리키는 하나님의 나침반이다.

I. 유일한 구원자 예수 그리스도

구원의 길이 오직 _____ 그리스도밖에 없는가? 어느 종교든지 한 가지를 선택해서 열심히 믿으면 되지 않는가?

1. 종교 다원주의자들의 주장

기독교인들의 다른 종교에 대한 배타적 자세가 종교 간, 민족 간 분쟁을 일으켰고 그로 인하여 세계 _____ 에 위협이 된다고 주장한다.

"예수께서 이르시되 내가 곧 길이요 진리요 생명이니 나로 말미암지 않고는 아버지께로 올 자가 없느니라"(요 14:6).
"이 예수는 너희 건축자들의 버린 돌로서 집 모퉁이의 머릿돌이 되었느니라 다른 이로써는 구원을 받을 수 없나니 천하 사람 중에 구원을 받을 만한 다른 이름을 우리에게 주신 일이 없음이라"(행 4:11-12).

"예수 그리스도는 하나님께 접근하는 많은 길 중의 하나이거나 여러 방법 중 하나가 아니라 오직 유일무이한 길이다." _ 토저

"**내가 하나님의 은혜를 폐하지 아니하노니 만일 의롭게 되는 것이 율법으로 말미암으면 그리스도께서 헛되이 죽으셨느니라**"(갈 2:21).

2. 예수 그리스도의 유일성

빌리 그래함 목사님의 아들 프랭클린 그래함은 그의 책 『The Name』(그분의 이름)에서 다음과 같이 말한다. "하나님과의 관계에 있어서 우리가 옳다고 느끼는 것이나 정말 진리라고 믿는 것을 고집하는 것은 어리석다. 영생을 얻기 위해서는 우리의 방식이 아닌 ____이 원하시는 방식으로 하나님과 관계를 맺어야 한다."

우리가 예수 그리스도만이 하나님께로 가는 유일한 길이라고 믿는 이유가 있다. 그것은 예수 그리스도는 다른 종교 지도자들과 뚜렷이 구별되는 세 가지 특징이 있기 때문이다. 첫째, 그는 ____의 성육신이다. 즉 그는 인간의 몸을 입고 오신 하나님이시다. 둘째, 그는 우리 __를 위하여 죽었다. 그의 십자가의 죽음은 대속의 죽음이다. 셋째, 그는 죽음에서 __하였다. 그는 이 세상에서 유일하게 죽음을 이기고 살아나신 분이다.

오늘날 사람들은 관용을 신봉한다. 그러나 무조건적인 관용이 언제나 좋은 것은 아니다. 사실 ___란 말의 의미는 그릇된 것을 용납하지 않는다는 뜻이다.

"나는 인간을 안다. 그런데 나는 예수 그리스도는 인간이 아니라고 이야기하고 싶다. 피상적인 인식으로는 그리스도와 제국의 황제나 다른 종교의 신들과 유사성이 있어 보인다. 그러나 그러한 유사성은 존재하지 않는다. 기

독교와 다른 종교 간에는 결코 뛰어넘을 수 없는 영원의 ____이 존재한다." _ 나폴레옹

예수님은 자신의 가르침에 있어서 자기 자신이 가장 중요한 포인트임을 강조했다. 예수님께서 그의 제자들에게 던진 가장 중요한 ____은 바로 그것이었다. "너희는 나를 누구라 하느냐?"(마 16:15)

II. 가짜 복음에 속지 말라

우리가 알아야 할 사실은 ____에는 가짜가 많다는 사실이다.
"어떤 길은 사람이 보기에 바르나 필경은 사망의 길이니라"(잠 14:12).

이단의 특징은 무엇인가? 이단은 예수 그리스도의 십자가를 언급하는 듯하지만 완전한 구원을 이루기에는 십자가가 짧다고 보는 것이다.
"이단은 최고의 타락이다." _ 존 트랩
"어떤 것을 그리스도에게 더하는 것은 파괴적인 작업이다." _ 리차드 시베스

그리스도의 십자가를 믿는 믿음만이 우리를 지탱해 줄 수 있는 유일한 구원의 밧줄이다.
"십자가만이 천국의 문지방까지 닿을 수 있는 유일한 사닥다리이다."

_ 조지 D. 보드만

III. 기독교와 타종교와의 비교

세계의 5대 종교인 불교, 유교, 기독교, 힌두교, 이슬람교 가운데 기독교를 제외한 다른 종교를 통해서도 과연 참신에 대하여 알 수 있고 진리에 도달할 수 있는지를 살펴보자.

1. 불교

불교는 _____이다. 신의 개념이 사실상 없다. 부처는 하나님에 대해서나 하나님에게 가는 길에 대해서 한 번도 가르친 적이 없다. 불교는 하나님 없는 신비주의와 같다.

"불교에는 지존자나 만물의 창조자, 영원불멸의 영혼을 가진 존재, 개인적 구원자 등에 대한 믿음 같은 것은 없다." _ 케네스 W. 모르간

"그 누구도 아닌 분께 그 무엇도 아닌 것을 기도하고 있소(I am praying to nobody for nothing)."

신적 존재자(아미타불)와 영원한 세계인 ____(淨土)라는 개념은 어디서 나온 것인가? 이것은 모두 대승 불교에서 나온 개념이다. - 대승비불론(大乘非佛論)
중국의 선승(禪僧) 단하와 나무 불상 이야기

석가의 가르침의 핵심은 모든 것이 공(空), 즉 무아(無我)라고 주장하는 것이었다. 그는 세상과 고통과 삶과 죽음이 모두 공(空)이며 실체가 없는 것이라고 말했다. 그러므로 '____'이라고 번역된 산스크리트어 '니르바나'도 '꺼져 버린 상태'(blowing out)를 의미하는 것이다.

2. 유교

유교 또한 종교라기보다는 _____이다. 공자는 신을 전혀 만나지 못했다. 그에게는 신이란 ____하는 존재였다.
"살아서의 일도 모르는데 ____ 나서의 일을 어떻게 알겠느냐" _ 공자

3. 힌두교

힌두교는 모든 만물 속에 있는 ___신론적인 신의 개념을 가지고 있다. 누군가 힌두교는 모든 종교의 실험 창고라고 이야기했다. 대중적 힌두교는 3__ 3천만의 신을 가지고 있다. 신이 이렇게 많은 것은 신이 없다는 것과 별 차

이가 없다.

4. 이슬람교

이슬람은 마호메트가 만든 종교로 사실상 거의 기독교에서 나온 ____라고 볼 수 있다.

이슬람의 천국은 무척 관능적인 천국으로서 성경이 말하는 거룩하고 완전한 천국과는 거리가 멀다. 그리고 이슬람교의 신은 인간과 너무나 동떨어진 존재이기 때문에 어차피 인간과 ____적인 교제를 할 수 없는 신이다.

코란에는 하나님에 대한 99개의 이름이 나오지만 그 하나님의 개념 가운데는 기독교에서 나오는 "하나님은 ____이시라." 는 것과 같은 개념은 전혀 나오지 않는다.

불교와 유교는 신의 개념이 없는 ____이고 힌두교는 신의 실체를 알 수 없는 ____이며 이슬람교의 신은 인간과 인격적인 교제를 할 수 없는 ____적인 신이다. 결국 기독교를 제외한 이 세상의 다른 종교로는 참신을 만날 수 없다.

IV. 공자와 석가와 예수의 비교

공자는 3,000명의 제자 중에 '안연' 이라는 제자를 가장 아끼며 그의 사상을 물려 줄 후계자로 지목하고 있었다. 그런데 그가 자신보다 먼저 죽자 "____이 나를 망하게 하였도다." 라고 하며 수일 동안 탄식했다고 한다.

석가도 마찬가지이다. 석가는 어느 날 '구시리성' 근처의 '시다' 숲을 지나다가 한 과부를 만나게 되었다. 이 과부는 하나밖에 없는 외아들을 잃고 그를 살려 달라고 석가를 찾아온 것이다. 이에 석가는 '_____(生者必滅)' 의 진리를 가르쳐 그 과부를 돌려보냈다.

이들과 비교해 볼 때 예수는 어떠했는가? 그는 어느 날 '나인성' 이라는 성을 지나가다가 통곡소리를 듣게 되었다. "＿＿＿아, 일어나라."

예수는 자신의 사랑하던 제자 '나사로' 가 죽었을 때 죽은 지 나흘이나 되는 그의 무덤 앞에 가서 죽은 나사로를 향해 "나사로야, ＿＿＿＿＿"라고 하는 단 한마디의 말로 그를 죽음에서 불러내셨다.

석가의 제자 중 우리 종교계에 널리 알려진 분으로 성철 종정이 있다. 그는 1993년 11월 해인사에서 입적(죽음)하기까지 숱한 화제를 뿌리며 한국 불교계에 커다란 발자취를 남겼다. 16년간 생식을 하였으며 소위 '장좌불와' 라고 하여 8년간 한 번도 드러눕지 않고 앉아서 자는 고행을 하였다.

그래서 불자들은 그를 "우리 곁에 왔던 ＿＿＿"라고 부르며 극도로 존경했다. 그런데 놀라운 사실은 그가 죽을 때 다음과 같은 28자로 된 열반송을 남겼다는 것이다.

일생 동안 남녀의 무리를 속여서 / 하늘을 넘치는 죄업은 수미산을 지나친다 / 산채로 무간 ＿＿＿에 떨어져서 그 한이 만 갈래나 되는지라 / 둥근 한 수레바퀴 붉음을 내뱉으며 푸른 산에 걸렸도다

"나는 선한 싸움을 싸우고 나의 달려갈 길을 마치고 믿음을 지켰으니 이제 후로는 나를 위하여 의의 ＿＿＿＿＿관이 예비되었으므로"(딤후 4:7-8)

석가가 겸손하게 자신이 할 수 없다고 시인한 삼불(三不)이 있다.

·첫째가 ＿＿＿중생 제도불능(無緣衆生 濟度不能)이다
이것은 석가가 득도 후 45년간 이 세상 중생들을 옳은 길로 제도(濟度)하려고 노력하였으나 자신과 인연이 없는 사람은 아무리 제도하려고 해도 자기 뜻대로 되지 못했음을 인정하는 말이다.
·둘째가 ＿＿＿중생 제도불능(業報衆生 濟度不能)이다

이것은 석가가 불화한 남녀를 지도하는 가운데서 나온 체험적인 깨달음이다.
· 셋째가 ____중생 제도불능(三世衆生 濟度不能)이다
이는 석가가 자신이 깨우친 도(道)로서 과거, 현재, 미래를 다스리고 제도해 보려 했으나 자기 자신의 부족한 능력으로는 도저히 불가능함을 실토한 것이다.

"수고하고 무거운 짐 진 자들아 다 내게로 오라 내가 너희를 쉬게 하리라"(마 11:28).
"네 죄 사함을 받았느니라"(눅 7:48).
"이제도 있고 전에도 있었고 장차 올 자요 전능한 자라"(계 1:8).

불교는 하나의 철학이다.
"____이 있다고 믿는 것은 잠꼬대를 하는 것이다." _ 성철 스님

· 물에 빠진 사람에게 다가온 다섯 사람

"태어나는 모든 ____은 덧없으며 결국 죽는다." _ 부처
"지는 ____ 처럼 현자는 그렇게 가는구나." _ 공자
"다 ____었다"(요 19:30). _ 예수

V. 진리를 붙잡으라

"만약 당신이 박스를 포장하는 데 사용하는 경우라면 당신이 사용하는 끈이 튼튼하다고 쉽게 말할 수 있다. 그러나 만약 당신이 ____ 끝에서 그 끈에 매달려야 하는 상황이라면 당신은 무엇보다 그 끈이 정말로 안전한 것인지를 너무나 알기 원할 것이다." _ C. S. 루이스

이 세상의 모든 종교가 나름대로 진리를 가지고 있다고 주장한다. 그러나 진리는 상대적인 것이 아니고 절대적인 것이다. 그러므로 여러분이 얼마나

자신이 가지고 있는 믿음에 대하여 강한 확신을 가지고 있는가 하는 것은 중요한 것이 아니다. 문제는 그것이 ____인가 하는 것이다. 당신이 단지 믿고 있다고 해서 그것이 진리일 수도 없고 또한 당신이 믿지 않고 거부한다고 해서 진리가 진리가 되지 않는 것도 아니다. 사람들의 태도에 상관없이 진리는 진리일 뿐이다. 특별히 신앙의 문제에 있어서 가장 중요한 질문은 바로 그것이 정말 ____인가 하는 것이다.

이 세상에는 수많은 종교가 있지만 결국 엄밀히 말하면 오직 두 종류의 종교만이 있다. ____이 만든 종교와 _____이 만드신 종교이다.

"Religion is spelled 'Do,' because it consists of the things people do to try to somehow gain God's forgiveness and favor… Thankfully Christianity is spelled differently. It's spelled 'D-O-N-E' [세상의 모든 종교는 하라(Do)의 종교이다. 그것은 하나님의 용서를 얻기 위해서 인간이 뭔가를 하는 것으로 이루어져 있기 때문이다. 그러나 감사하게도 기독교는 다르게 표현된다. 그것은 했다(DONE)의 종교이다]."

- 마크 미텔버그

만약 내가 거짓을 말한다면, 내가 그것을 책임져야 한다.
그러나 진리를 말한다면, 진리가 나를 책임질 것이다. _ 토마스 풀러

● ● ● 나가는 말

머리에서 가슴으로

저는 어느 날 어떤 고고학자에 관한 흥미로운 기사를 하나 읽어 본 적이 있습니다. 이분은 하워드 카터(Howard Carter)라고 하는 영국의 고고학자로서 20세기 최고의 고고학적인 발견이라고 하는 이집트 투탕카멘 왕의 무덤을 발굴한 사람입니다.

그가 발굴을 진행한 곳은 이집트의 역대 왕들의 무덤이 모여 있던 '왕들의 계곡'이라는 지역이었습니다. 이곳은 이집트 왕가의 무덤으로 유명한 지역이었지만 오랜 세월에 걸쳐 도굴꾼들이 드나들면서 대부분의 보물이 약탈되었고 또한 그동안 이미 수백 개의 무덤들이 발굴되었기에 더 이상 발굴될 무덤이 없는 것으로 인식되어져 왔던 곳입니다.

그러나 하워드 카터는 19살의 어린 나이로 죽은 잊혀진 파라오 투탕카멘의 존재를 우연히 알게 되었고 그의 무덤이 분명히 어딘가에 있을 것이라고 확신하였습니다. 그리하여 그는 주위의 만류에도 불구하고 고대유물 수집가인 카나번 경의 후원을 받으며 무덤 발굴 작업에 전념하였습니다.

그러나 생각만큼 작업은 쉽지 않았습니다. 1년, 2년 세월이 흘러갔지만 왕의 무덤은 발견되지 아니하였고 작업이 진행되는 동안 1차 세계 대전이 발발하기도 하였습니다. 그러나 그는 이러한 여러 가지 어려움을 겪으면서도 끝끝내 포기하지 않고 거친 사막의 모래 바람 속에서 작업을 계속 진행하였습니다. 그러는 가운데 점점 세월이 지나갔습니다. 그에 따라 젊은 청년이었던 하워드 카터도 점점 중년 신사가 되어 갔습니다.

그러다가 마침내 1922년 한 인부가 우연히 투탕카멘의 무덤으로 들어가는 입구를 발견하게 되었습니다. 이 소식을 들은 하워드 카터는 환호성을 지르는 인부들을 밀치고 계단을 내려가서 뚫려진 구멍 사이로 촛불을 들이밀어 보았습니다. 그러자 무덤 안에서 순금으로 만든 파라오의 관과 무려

3,000점이 넘는 엄청난 유물과 보물들이 빛을 발하고 있는 모습을 볼 수 있었습니다.

그런데 그가 보물을 발견하는 순간 이상한 일이 일어났습니다. 동료들은 보물을 보며 탄성을 지르는데 정작 가장 기뻐해야 할 카터는 멍한 얼굴로 터덜터덜 계단을 올라간 것입니다. 그의 동료가 카터를 불러 세웠습니다.

"무슨 일인가? 자네는 보물을 발견한 사실이 기쁘지 않은가?"

그러자 카터는 깊은 생각에 빠져 있는 얼굴로 말했습니다. "사실 오늘 우리가 발견한 바로 이 장소로부터 동쪽으로 약 1m 되는 지점은 20여 년 전에 파 본 적이 있네… 고작 1m 때문에 20여 년을 끌다니…"

여러분, 사람의 머리와 가슴과의 간격은 몇cm라고 생각하십니까? 그것은 단지 30cm에 불과합니다. 그러나 그 30cm가 우리의 운명을 갈라놓을 수 있습니다. 우리가 예수 그리스도에 대하여 단지 머리로만 이해하면 우리는 구원에 이르지 못합니다.

성경은 우리가 예수님을 믿고 마음으로 영접해야 한다고 말씀하십니다. 이것은 머리에 있는 지식이 가슴속으로 내려와야 한다는 것을 의미합니다. 기억하십시오! 머리와 가슴과의 간격은 단지 30cm에 불과하지만 그 조그만 차이가 우리의 영원을 바꾸어 놓을 수 있습니다. 이 책을 읽으신 여러분들은 예수 그리스도를 머리로만 이해하지 말고 마음 문을 열고 예수 그리스도를 구세주로 영접하십시오. 그렇게 되면 우리는 놀라운 영생의 축복을 누리게 될 것입니다.

그리스도인이 될 것인가 말 것인가의 결정은
더 나은 사람이 될 것인가 아닌가의 선택이 아니라
생명과 죽음의 선택이다. _ 데니

하나님의 비하인드 스토리

믿는 자의 삶 뒤편에서 역사하시는 하나님의 신비로운 손길!
하나님의 비하인드 스토리

하나님의 비하인드 스토리
저자: 라원준 선교사
가격: 12,000원
출판사: 예영 커뮤니케이션

- 이 책은 『기독교를 알아야 인생의 답이 보인다』의 저자인 라원기 목사의 동생인 라원준 선교사가 쓴 신앙 간증서입니다.
- 저자인 라원준 선교사는 현재 어린이전도협회 아시아태평양지역(AP)총무로 섬기며 전 세계 어린이 선교에 헌신하고 있습니다.

■ **이 책의 특징**

① 삶의 고비마다 믿는 자를 도우시며 그 인생을 친히 인도하시는 하나님의 신비로운 손길을 느낄 수 있습니다.
② 기적적인 사건을 소개하는 데 그친 기존의 간증서와 달리, 사건에 대한 깊은 묵상을 통해 얻은 하늘나라의 비하인드 스토리가 주는 새로운 차원의 감동이 있습니다.
③ 책의 마지막 장을 덮을 때, "저자의 하나님이 나의 하나님이 되기 원합니다."라는 신앙 고백이 저절로 터져 나옵니다.
④ 우리가 주를 위해 좁은 길을 걸을 때, 그분이 친히 동행하심을 알게 됩니다.

하나님의 침묵으로 **고민**하는 자를 위한 가장 좋은 **처방전!**
전도를 위한 **선물**로도 최고입니다!